新「育児の原理」あたたかい心を育てる

赤ちゃん編

内藤寿七郎
小林 登＝監修
アップリカ育児研究所＝編

Aprica Childcare Institute・アップリカ育児研究所

新「育児の原理」
あたたかい心を育てる

赤ちゃん編

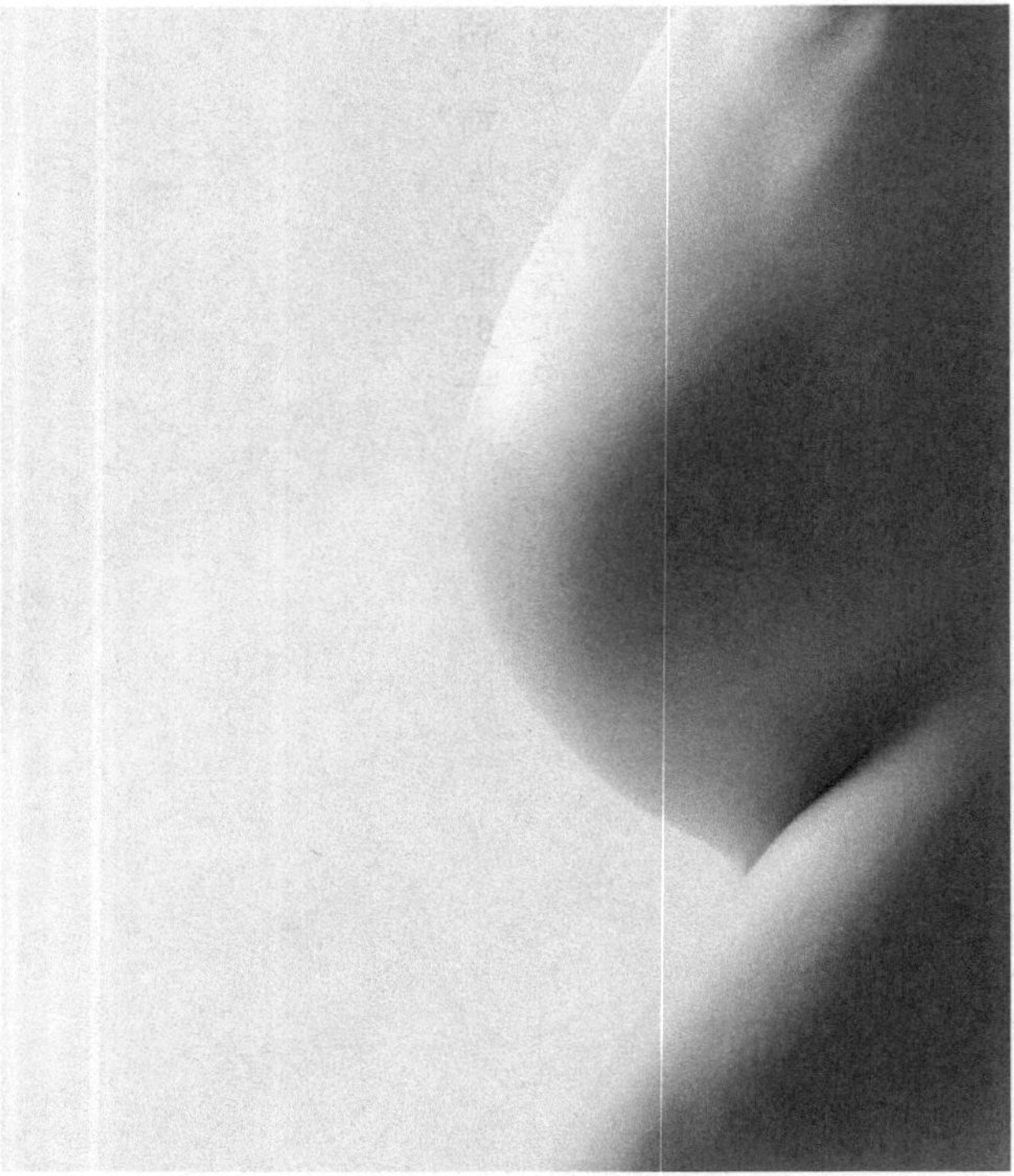

お母さんへ

幸せだったなぁと思うのは、
母親が、要所要所で、ちょこっと
聞きかじりのことを言ってくれたこと、です。
それが今でもいちばん有難いです。
母っていうのは、
一生自分の心の働きを左右するような
言葉を教えてくれました。

母に感謝を捧《ささ》げつゝ
内藤寿七郎

新「育児の原理」十二則《そく》

第一則

お母さんになるために……
妊娠する前に風疹《ふうしん》予防をしてください。
妊娠に早く気づき、お腹の赤ちゃんに
十分な酸素がいきわたるためにも、
朝の綺麗《きれい》に透き通った風と光をいっぱい吸ってください。
妊娠初期の三、四か月までは、
胎児にとって最も重要な時期です。

第二則

育児の原理は、
愛情を伝えるお母さんと赤ちゃんの
目と目の対話「まなかい」です。
まだ言葉がわからない赤ちゃんに、
お母さんのやさしい目で話しかけてあげてください。
「まなかい育児」で

赤ちゃんに健やかな体とあたたかい心が育《はぐく》まれ、
母と子の絆《きずな》が強く結ばれます。

第三則

赤ちゃんの消化器を初めて通るものは、
お母さんの初乳であってほしいものです。
初乳には免疫物質が多く含まれ、
細菌やウイルスの侵入から赤ちゃんを守ってくれます。
五か月までは母乳で育ててください。
母乳哺育《ほいく》で赤ちゃんとお母さんの五感を刺激する
「母子相互作用」が起こり、
お母さんには母性の確立が、
赤ちゃんには心と体の栄養が注がれます。

第四則

どうしても母乳をあげられないお母さんは、
人工栄養であったとしても、
強い信念と自信をもって、
目と目の対話をしながら
「まなかい授乳」で育ててください。
お母さんの愛情が赤ちゃんに必ず届きます。
将来、集中力のある子どもを育てるには、
お母さんの笑顔が何よりであることを
心にきざんでほしいのです。

第五則

赤ちゃんがオッパイを飲んだあと泣いたら、
首の後ろを支えて立てて抱いてあげてください。
おなかの空気が外に出て楽になります。
唇《くちびる》でオッパイを探しながら泣くときは、

お腹がすいています。
二か月頃まで、あまり涙は出ません。
泣き声で
赤ちゃんの気持ちをお母さんに伝えたいのです。
「赤ちゃんの声」を聞き分け、
いろいろな気持ちを受け止めてあげると
三か月もすれば、今度はお母さんの笑顔を見て微笑みます。

第六則

ゼロ歳児、特に六か月までの赤ちゃんは、
お腹を圧迫しない平らな姿勢で
仰向《あおむ》けに寝かせてあげてください。
そして赤ちゃんの足はカエルのように股《また》を広げて、
しかも両足は自由に動く状態にしてあげてください。
頭を揺さぶることは大変危険です。
赤ちゃんは大人の縮小版ではありません。
生きるための機能は未熟なのです。

第七則

ゼロ歳から一歳過ぎの赤ちゃんのしつけは
愛情を伝えるお母さんと赤ちゃんの目と目の対話をしながら
「まなかい抱っこ」だけで十分です。
「どんぶらこ、どんぶらこ」と赤ちゃんを、
ゆっくり、ゆっくりあやします。
おだやかなお母さんの声や顔そして肌から、
赤ちゃんはあたたかい心を吸収していきます。
大切なのはお母さんが、いつもゆったりと、かまえていることです。

第八則

心の傷跡が残りやすい一歳半頃から二歳半頃のしつけは、
命令や否定ではなく、
「あなたならできるよね」と、根気よくお願いします。
自我の芽を大切にしてあげると、
子どものいろいろな能力が引き出され、伸ばされます。

この頃、自我の芽を抑えつけると反抗心となり、
いずれ復讐心《ふくしゅうしん》にかわることさえあります。
自己制御できるようになる四歳以降、
お友達の悩みや苦しみを理解できるようになるためにも
二歳前後の心の育児はとても大切です。

第九則

自我が活発になってくる三歳前後は
「子どもの目に訴えるしつけ」を始めてください。
お母さんが子どもの目に
生活態度のお手本を見せてあげてください。
〝ダメ〟〝いけません〟の
言葉によるしつけは、まだ通じません。

第十則

三歳前後の子どもは
思った通りにできなくても、
繰り返しやることにより、
体の動かし方、手足の使い方を訓練しているのです。
それができると達成感を覚え、
さらに難しいことをやってみようとする
意欲が湧いてくるのです。
危なくなければ見守ってあげてください。

第十一則

四歳前後になってようやく、
〝ダメ〟〝いけません〟などの
「言葉によるしつけ」を始めてください。
どうしてダメといわれたのかがわかるようになり、
心や体を自分の意思でコントロールできます。

子どもが目標を達成したら
「よくできたね」と、一声かけてください。
お母さんの励ましが、
あらゆることに積極的に立ち向かうための特効薬となります。

第十二則

子どもは無限の可能性をもっています。
その心と体を育む育児は子どもを抱きしめ、
心の底からのほおずりをするだけでよいのです。
子どもと一緒に過ごす時間の長さより、
お母さん、お父さん、保護者の方の愛情の深さが大切です。
地球上で一人だけでも、いつも自分を理解し、
全面的に受け入れてもらえる人間がいることを
子どもに知らせることができればそれでいいのです。
それが大人の責任です。

「これは医学書ではなく心の書であり、
人間論である。」

手塚治虫

この本を読まれる方々に

東京大学名誉教授
国立小児病院名誉院長
アップリカ育児研究所　最高顧問
小林　登

我が国の「育児学」と云えば内藤寿七郎《ないとうじゅしちろう》先生、内藤寿七郎先生と云えば「育児学」です。内藤寿七郎先生の『育児の原理――あたたかい心を育てる』は、一九八九年にアップリカ育児研究会が、その時点までに、先生が書かれたものを集大成して、出版した本です。出版するや、大変評判になり、版を重ねて二〇〇六年には十刷近くにもなりました。

皆さん御存知の通り、内藤先生は、百一歳の天寿を全《まっと》うされて、二〇〇七年の十二月に亡くなられました。天寿とはいえ、誠に残念であり、悲痛の極みであります。

今回は、アップリカ育児研究所から『新「育児の原理」あたたかい心を育てる』赤ちゃん編・幼児編として新たに編集することになり、内藤先生の御長男、工学博士の内藤壽夫《かずお》氏及びアップリカの創設者の葛西健蔵《かっさいけんぞう》氏の御意向もあって、今回は私にまかされることになりました。光栄であると共に、責任を深く感じて居るところです。尚《なお》、用語・表題・内容で現在と合わない点に限って修正したことも、ここで申し上げておきたいと思います。

『新「育児の原理」』の内容は、育児、すなわち子育てするお父さん、お母さん方などの保護者の方ばかりでなく、保育園で子ども達を世話して居られる保育士の方は勿論《もちろん》のこと、幼稚園や小学校・中学校の子ども達を教え育てておられる先生方（教員・教師）にとっても、大変有用なことは明らかです。したがって、内藤先生は、家庭の育児を超えて、社会の保育・教育もとり込む「育児の原理」と言う広い意味に考えておられていたと思います。その上、現在の子育ては、家庭の育児と社会の保育と教育を融合させる必要があり、親と専門家はもっと話し合うべきと、個人的には考えていますので、本書の果たす役割は大きいと信じます。何しろ、育つ子どもはひとりなので、育てるという育児・保育・教育は、いとなみとして子どもにとってはひとつであるべきと思うからでもあります。

また、新しく「注釈」もつけさせて頂きました。特に専門的に子育てを勉強しようとする読者にとっては、必要と考えたからです。ぜひ御利用下さい。

個人的な話にはなりますが、内藤先生は私にとって、人生の方向を決定づけて下さった大恩人なのです。私の両親は日本画家であり、血のつながった親戚《しんせき》には洋楽家はいても、医師は全くいなかったからです。医学・医療よりは、芸術の血の方が私には濃いのです。したがって、若《も》し、内藤先生との出会いがなかったならば、私は医師になることはなかったであろうし、当然のことながら、小児科医にはなっていなかったに違いありません。

内藤先生との出会いは、いろいろなことと重なって、懐かしく思い出されます。東京で生まれた私は、もの心ついてからの小学校時代には杉並《すぎなみ》区で、中学校時代は武蔵野《むさしの》市で育ちました。両親は、画家として、善福寺《ぜんぷくじ》池に近い、雑木林のわきの自然豊かな武蔵野をえらんで住んでいたのです。そして、戦争時代は海軍兵学校、したがって、戦争がつづいていれば、特殊潜航艇か人間魚雷で、訓練中に事故で死ぬか、実戦で戦死していたに違いありません。幸い生き延びられたので、敗戦の混乱の中で人生の方向転換をして、旧制第一高等学校に入学し、大学進学の道をとったのです。

戦後の焼野原の中でポチポチと家が建ち始めた頃のことです。東京浅草《あさくさ》の薬屋さんの建てたばかりの家の二階で、育児相談をなさっていた若き内藤先生にお会いしたのです。それは、その薬屋さんの奥さまが立派な方で、町の民生委員として、恐らく内藤先生に特別にお願いしてやっていたものと思います。お母さん方の熱心な質問に、優しくわかり易く答えられていた姿が、今も目に浮かびます。その御縁は、私がその薬屋さんの当時小学生だった息子さんのところに、家庭教師として通っていたお陰で出来たものです。それなくしては、内藤先生にお会いする機会は全く出来なかったと思うのです。

そんなことで、理学部か工学部に行こうかと迷っていた私は、思い切って医学部を目ざすことにしたのです。しかし、理学・工学系を勉強していた私は、一年は浪人しなければなりませんでした。生物学などを勉強して、次の年何とか医学部に入学出来たのです。

医学を勉強している内に、アメリカ占領軍が導入したインターン制度は、わが国では充分機能していないことを知り、それなら本場でインターンをしようと、学生時代からアメリカ行きを考えていたのです。したがって、大学卒業直後の一九五四年（昭和二十九年）夏に、貨物船でアメリカに渡ることになったのです。勿論、戦中海軍将校生徒として勉強していたので、敗戦国民として戦勝国をみたいという気持ちもありました。その後、いったん、東大小児科に帰りましたが、一九六二年から三年間イギリスで勉強することになりました。

内藤先生に再びお会いし、親しくおつき合い出来るようになったのは、アメリカ留学の後のイギリス留学も終わって、東大小児科の助手になった一九六〇年代中頃からです。多くは、東大小児科同窓会でありました。しかし、幸い学会とか、勉強会の折にも、お話を伺う機会を頂く事が出来るようになりました。残念ながら、先生のもとで患者を診ながら、御指導いただく機会はありませんでした。この様な御縁で、私が本書に関わることになったのです。

本書は、内藤先生が戦後の焼野原の中で始められ、四十年近くに及ぶ育児相談や小児科診療の折に、子育てに関係して考えられたこと、感じられたことをわかり易くまとめられた「内藤育児学」の集大成と言う事が出来ましょう。お母さんやお父さんなどの保護者の方は勿論のこと、保育士の方や、幼稚園・学校の先生方のような教育の専門家にとっても、子どもを育てるという人間のいとなみのあり方を考えるのに、大変勉強になることは明らかであると思います。また、戦前、戦中、戦後と時代の流れと共に、子育てのあり方が変わるすがたも、読みとれます。勿論、小児科医にとっても、なる程と思う様な内容が随所にみられ、育児相談に有用な情報を得ることが出来るものと信じます。

本書の内容をみると、妊娠・出産・育児という子育ての流れにそって、理論的に整理されて書かれています。「赤ちゃん編」では、妊娠して母親になった時に、まず考えなければならない「育児の心がまえ」から始まって、赤ちゃんが生まれてから直ちに始まる母乳育児のために必要な「母乳」についての知識、ミルクで育てるために必要な「人工栄養」の知識について述べられています。つづいて「赤ちゃんの心の発達と体の成長」、「赤ちゃんのしつけ」さらに「幼児編」では「幼児の心の発達と体の成長」、「幼児のしつけ」と、子どもの心と体の育つ姿に対応して書かれています。働くお母さんのためには、「仕事か育児か悩むお母さんへ」が書かれています。

重要なのは、子どもが育てられる順、すなわち、妊娠・出産・育児というような流れにそって理論的に整理され構成されている上に、脳科学的な知見に基づく解釈も加えて書かれていることにあると思います。内藤先生は、東大で二年後輩の脳科学者である時《とき》実《ざね》利彦《としひこ》東大教授と勉強会まで開いて、子育てのあり方を、脳科学的に勉強されたと伺っています。時実先生の『脳と保育』（雷鳥社・一九七四）という有名な本がありますが、それも内藤先生との勉強に関係しているものと思われます。それは、年代的には一九六〇年代の頃と思いますが、子育てに脳科学をもち込まれた内藤先生の鋭い先見性に強い感銘をうけます。本書を注意深く読まれるならば、それが明らかになるに違いありません。

最後に、内藤先生の御履歴を申し上げたいと思います。内藤先生は、明治三十九年十月二十三日に東京にお生まれになられました。お父様は軍医であられたと伺っています。熊本の旧制第五高等学校から東京帝国大学医学部に入学、昭和六年に大学を卒業されました。私が四歳の時ということになります。東大小児科の第二代教授栗山重信《くりやましげのぶ》先生の医局に入局されて小児科学を勉強し、一九三八年（昭和十三年）からは恩賜財団母子愛育会の研究所・病院に勤務され、東京大空襲などの戦争を体験された後の一九四九年（昭和二十四年）には、日本赤十字社中央病院の小児科部長になられました。浅草の薬屋さんの二階で育児相談をされておられた頃の内藤先生は、愛育病院から日本赤十字社中央病院に移られた前後で、私がアメリカに留学していた頃の一九五六年（昭和三十一年）に、日本赤十字社中央病院から愛育病院院長・研究所所長として母子愛育会に帰ってこられました。

その後、シュバイツァー博愛賞、藍綬褒賞《らんじゅ》など数々の賞を受けておられ、また日本小児科医会会長、日本小児科学会、日本小児保健協会など学会の会員・役員として務められ、白梅学園大学で教授として小児保健を教え、つづいて財団法人　幼児開発協会などのいろいろな子育て関係の団体の役員としても務められました。小児科医一筋に生きられた内藤先生が、「育児の神様」と言われるのは、当然のことと皆さん方も思われるでしょう。

本書は、副題に「あたたかい心を育てる」とありますように、内藤先生は子育ての根幹は、子どものあたたかい心を育てることにあると考えられております。それを目標として育児・保育・教育のあり方、考え方を書かれたものが、内藤先生、手塚治虫先生、葛西健蔵氏の詩「あたたかい心が育つよう子ども達に希望と感謝の祈りを」と「あたたかい心は幸せのために」であります。私も、強く共感を覚える考え方であり、本書を出版するに当たり、二つの詩をここに掲げさせて頂きました。今後とも皆さんと共に、子ども達の「あたたかい心を育てる」ことを支援していきましょう。

“あたたかい心が育つよう
子ども達に希望と感謝の祈りを”

おぼえていますか
初めてわが子を抱いた日のことを

ただひたすら　小さな生命の幸せを願った
親としての　あの素直な心を
いつも　いつまでも　忘れずにいてください。

あなたにとって
どんなにつらく　悲しいことがあった日でも、
たとえ離れていても、
あなたの　やさしい思いは
きっと子供たちの心に届くはずです。

一日に一度　たった一秒でもいいのです
子どもたちが　心のあたたかい人に育つよう
希望と感謝の祈りをささげてください。
そしていつまでも　つづけてあげてください。
その祈りは　あなたの心まで
幸せの光で満たしてくれます。

内藤寿七郎
手塚治虫
葛西健蔵

“あたたかい心は幸せのために”

人間の生涯の幸せの基本は、
あたたかい心を持ち周囲の人を大切にし
自らの分野を通じて人のためにつくし、
一滴の水、一つのものを大切にすることだと
私たちは考えています。

学歴・能力に優れていること、
お金・権力・名誉を多く持っていることは、
幸せのほんの一部にすぎず、
自分のためのみのものであれば、
かえって不幸をまねくこともあります。

幸せはあたたかい心を持ち、
周囲の人を大切にし
自らの分野を通じて人のためにつくし、
一つのものを大切にする心を持ち続ければ、
誰もがかなえられることです。

アップリカ創業者
アップリカ育児研究所 理事長
葛西健蔵

推せんのことば

内藤技術士事務所　工学博士　内藤壽夫《かずお》

世界的な小児科学の権威でおられる、小林登《こばやしのぼる》先生が心血を注いで監修された、『新「育児の原理」』刊行にあたって、推薦文をとの御依頼があったとアップリカ育児研究所の葛西康仁《やすひと》氏から承りました。確かに内藤寿七郎の長男として、DNAは引き継いではいますが父の期待に反して医師の道を継がず、また一介の市井人に過ぎない人間が、一筆寄せるなど、本来〝身の程知らず〟との誹《そし》りを免れないかと思い、御辞退すべきと考えました。

しかし、亡父が健在であったなら、小林先生が自分の著を超えて、また医学・育児学の進歩を踏まえて素晴らしい本を纏《まと》められたことを心から喜び、小林先生の両手を固く握りしめる光景が目に浮かびます。亡父の気持ちを代弁して拙文を綴《つづ》らせて頂き、心からお祝い申し上げます。

父は一九〇六年東京で生まれましたが、以後は熊本で育ちました。軍医であった祖父は、息子が次々に軍人となったため、末息子を何とか医者にしたい余り、大分甘やかして育てたと聞いております。小さい頃から負けん気が強く、周辺の人々からは、〝末は楽しみだが、間違えれば大泥棒か大親分にでも成りかねない〟と噂された様です。幼児期には何度か生死をさまよう大病を経験し、母親の献身的な介護で事なきを得ました。母親への感謝が小児科選択の一因であったと思います。

医師でない身には亡父を専門的観点から評価する資格はありませんが、集中力は確かに優れ、診察、治療は常に真剣そのものであったことを垣間見《かいま》ました。二十代の若い頃こそサッカー、チェロ演奏などにも手を出していたようですが、以後は生涯小児科関連以外のことには関心が薄く無趣味に近い人間でした。九十六歳頃までは、毎年夏、信州野尻《のじり》での静養を楽しみにしておりましたが、滞在中も暇さえあれば原書や英文のニューズレターを読んでおりました。

遡《さかのぼ》って鎌倉《かまくら》在住時代には、どんなに疲れていても、真夜中でも往診に出かけて行ったことが私の子供心に強く印象に残っています。

父は、子供、特に口のきけない幼児の病気がかなりの割合で母親の疲れ、場合によっては家庭環境に原因があることに早くから気がついて、母親の訴えに時には三時間も耳を傾けることがありました。この姿勢が多くのお母様方の信頼を得るに至り、望外の世間の御評価を得た一因ではなかったかと思います。

「育児の原理」は、こうした経験を踏まえて、葛西健蔵氏の絶大なご支援の下に纏められ、特にお母様方々の支持を受けた様ですが、その中に盛られた〝やさしい心を養う〟などは不変とし、医学的には最早《もはや》古い、或《ある》いは異論のある内容も含んでいるかもしれません。亡父はこうした点も修正したいと天上で願って来たに違いありません。

今回の御出版は、世界中の両親、保育関係者、子供の教育に携わる方々、ひいては小児科等医師の先生方々にとっても広く必携の書となることを確信致します。

末長く版を重ねられますこと、また小林先生の益々のご健勝を亡父に代わり心から祈念致します。

（二〇一三年）

日赤医療センター小児科部長　川崎富作

私の恩師内藤寿七郎先生がこのたび『育児の原理』と題する新しい本をお書きになりました。内藤先生は今までにも数多くの育児書を出版されて、先生の豊富な体験とデータに基づくユニークな育児理論を展開され、世の多くのお母さん方や、育児関係者から、「育児の神様」として崇《あが》められてきました。

今年（昭和六十三年）先生は八十二歳におなりになられましたが、矍鑠《かくしやく》として、診療に、講演にと活躍されておられますし、日本小児科医会の会長という要職にあって、私共小児科医を指導されておられます。その内藤先生が、小児科医としてのほぼ六十年に亘る実践を通して築かれた独自の育児理論と哲学を集大成されたのが、本書であります。

内容は赤ちゃん編「育児の心がまえ」、「母乳」、「人工栄養」、「赤ちゃんの心の発達と体の成長」、「赤ちゃんのしつけ」、幼児編として「幼児の心の発達と体の成長」、「幼児のしつけ」、「仕事か育児か悩むお母さんへ」の八つの章にわかれます。いずれの章も、簡にして要を得た短かい文章からなる多くの小節にわかれていて、とても読み易く、理解し易くなっています。しかも、どの小節を一つ取ってみても、そこには、先生独自の育児思想が盛り込まれていて、どの小節から読んでも、先生の育児に対する愛情溢《あふ》れる情熱が、読者の胸に伝わってきます。ですから、はじめての妊娠、出産を迎えて、一抹の不安をいだいている若いお父さん、お母さんにとっても、毎日の育児に色々な悩みをもって、自信を失いかけている夫婦にとっても、その他子どもを持つすべての親達にとって、本書が一冊あれば、育児に対して、自信と勇気と希望を与えてくれる、この上ない良書といえましょう。

また本書は育児相談や育児指導を担っている、保育士、養護教諭、保健師、助産師、看護士およびわれわれ医師にとっても、本書を座右に置くことにより、先生の育児理論と哲学に直接接して、日常の実践にすぐに役立つ多くの示唆を与えてくれるものと確信します。

（一九八九年）

神戸大学名誉教授
兵庫県立こども病院名誉院長
中村　肇

敬愛しています小林登先生から、内藤寿七郎先生のご著書『新「育児の原理」』の刊行にあたり、推せんのことばを書くようにとの命を受け、大変光栄に存じています。私にその機会をお与え下さったのは、内藤寿七郎先生、漫画家の手塚治虫氏、アップリカ創業者の葛西健蔵氏の三氏が主宰される「あたたかい心を育む運動」を通じて、国内だけでなく、中国、アメリカなど多くの国々にご一緒させて戴《いただ》き、晩年の内藤先生から直接ご指導を賜る幸運に恵まれたひとりであるからだと察しています。

内藤先生は、戦後の日本の小児科学の権威として、数多くの小児科医の指導に、また自ら日常診療に当たられ、育児関係者からは「育児の神様」と呼ばれています。まさに小児科医のレジェンドです。この『新「育児の原理」』の一節一節は、お母さんにやさしく語りかけるように書かれており、育児に悩みを持ち、自信をなくしかけたお母さん方にとって、ほっとさせるものがあるに違いありません。お母さんだけではありません、ここに書かれている内容は、私たち小児科医や、多くの育児関係者にとってのバイブルとなっているものです。

先生は、つねづね育児の基本は「まなかい」にあると話されていました。それは、目と目を合わせることの大切さです。また、現代社会で大きな問題となっている、「乳幼児虐待」、「いじめ」、「体罰」などの背景として、乳幼児期の育児環境、子どもへの接し方が大いに関わっていると警告してこられました。とりわけ、自我が芽生え始めた「二歳児への接し方」の重要性が、この本の至るところで強調されています。「ダメ！」とか「いけません！」の母親のことばで、その意味がまだ十分に理解できない二歳児は、恐怖心から手を止めますが、自己を否定されたことに対する反抗心は内向し、三歳を過ぎてからの反抗期につながるだけでなく、大人になってもトラウマとして残ると話されます。

内藤博士の育児思想が、人種、国籍に関係なく共感を与えるものであること、それは、単なる育児書というだけでなく、子どもの育児を通して人生哲学の書として深い感銘を与えているからでしょう。

（二〇一三年）

漫画家　手塚治虫

私は内藤先生と中国視察にご一緒する光栄を得た。これはまたとない機会である。育児問題について先生のご高説を伺えるチャンスだと大いに期待していたが、ついにその機を得ずじまいだった。その代り先生が視察された各所の育児研究機関にお伴をしたお陰で、先生のお人柄にふれ、その適切なご意見と共に感銘を新たにしたものである。

私が伺いたかったことに関しては、今回のご高著に微に入り細に渉《わた》ってお書きになっているので、もう何も申し上げることはない。このご著書は、最初のページから衝撃と感動の連続である。まず「出産後一週間がいかに重要か」という項で、出産直後から昼間の八時間は母親が赤ちゃんに自由にさわれることが大事で、母子が隔離されれば、その後二年間にいろいろ問題が起きる。その重要な点は母性愛がその期間に強く発揮されるからだと述べられたこと。これは私が最も心にわだかまっていた点で、私の息子や娘が出産後すぐ別室へ隔離されて、私はガラス越しに「あれがお子さんですよ」と説明を受け、なんと水臭い冷たい処置だろうと不満を持っていたのだが、先生のご説明でわが意を得た思いであった。

また、「米国の報告では出産後10分で人間の顔を正しく描かれた絵に新生児が反応を示す」ということも、大きなショックであった。そして先生はその報告に対して「絵を理解するということでなく、雰囲気に敏感なのだ」と説明されていた。赤ちゃんだから何もわかるまいと思って、私などはずいぶんわが子にいたずらなどをしたものだが、そういった雰囲気に対する嫌悪感がわが子に残っていたとすると、すでに成人した現在の息子や娘に相対するのもなにかおもはゆい感じがする。

とにかく、最初の章からこうである。全篇に驚くべき幼な子の生態と、育児の難しさや両親の生活の重大さの指摘が満ち溢れていてひしひしと胸を打つ。これは医学書ではなく心の書であり、人間論である。ことに重要なのは「子どもを生み育てる―巨大な人類のサイクルを担っているのがお母さんです」と断言されていることである。「育児よりも享楽を、レジャーを、仕事を」という今日の女性の生き方に、大きな警鐘ともなるべき名言であろう。

（一九八八年）

新「育児の原理」
あたたかい心を育てる

赤ちゃん編　目次

『新「育児の原理」あたたかい心を育てる』を文庫化するにあたり、「赤ちゃん編」と「幼児編」の二分冊といたしました。
「幼児編」には以下のような内容が収録されています(一部抜粋)。

第一章　幼児の心の発達と体の成長　一歳半頃から二歳半頃の心の育児は最も大切です/一歳半頃から芽ばえる大切な自我/二歳児には命令ではなく「あなたならできるよね」と/二歳児の心の傷跡は/二歳児になると嫉妬心が芽ばえます/他の子とくらべて、人まえで我が子の心を傷つけない/きょうだいが生まれるときの子どもの心への影響/上の子を優先させても悪い影響は出ない/過保護は禁物です/最近は夜ふかし朝寝坊型が増えている/望ましい昼寝の習慣/三歳児の反抗は/個人差が大きい三歳児/バランス感覚を身につける/困ったクセ/けんか/仲間はずれにしたくないなら/きょうだいげんか/無限の空想と発想を呼び起こす「おもちゃ」を/〝心のサイズ〟とおもちゃの年齢/三歳からの「どうして?」/心の安定があってこそ栄養が身につく/子どもが朝食を食べないとき/言葉につかえるとき/強い体質をつくるには/子どもをかまいすぎると/心の危険信号に気づく/落ち着きや集中力のない子ども/お稽古ごと/進学塾へ行かせているお母さんへ/ひとつの能力だけで子どもを評価しない/男らしさ、女らしさ/性への関心/マザーコンプレックス

第二章　幼児のしつけ　幼児のしつけの基本は/お母さんが育児の主役/脳の報償系を刺激する/トイレのしつけ/きびしいしつけと、やさしいしつけ/子どもとの約束を守る/子どもの嘘《うそ》は/体罰は子どもの心にしこりを残します/三歳前後から子どもの目に

第一章

育児の心がまえ

お母さんになるために

両親が待ち受けて子どもをつくるのは
たいへんよいことだと思います。
どうか母体が健康なときに受胎されることを望みます。
母体が疲労しているときに妊娠しますと、
新しい生命を喜んで迎える気持ちが起こらなくて、
その気持ちがあとの育児にまで響くことがあるからです。

そして、基礎体温を毎日測って妊娠を早く知ってください。
胎盤が十分に機能するまで、
つまり妊娠初期の三、四か月までは、
胎児にとってもっとも重要な時期です。
母体からの影響をまともに受けやすい状態にあるのです。
この時期にお母さんが風疹《ふうしん》にかかりますと、*
残念ながら五十パーセントの高い率で先天性風疹症候群という病気にかかってしまうことがあります。

妊娠を知らずに
レントゲン検査を受けたり、薬を飲んだりするかもしれません。そのことが胎児に影響しなければよいのですが、万が一ということも起こりうるのです。そうした外からの影響から胎児を守るために、妊娠には早く気づいてほしいと思うのです。

妊娠中の女性にとって大切なことが二つあります。
一つは母体について。
お母さんと赤ちゃんとは、胎盤をとおしてかたく結ばれています。胎児はなにもかも胎盤を通じて吸収し成長していきますから、お母さんは病気やケガに注意をはらうと同時に、正しい栄養をとり、よい空気を吸うといった、日常生活での生理面を充実させます。

受精卵は想像をはるかに超える勢いで細胞分裂をしながら赤ちゃんの体へと成長していきます。

細胞分裂が活発に行われるには酸素が十分になければなりません。
十分な酸素を胎児に送るために、妊婦は貧血を予防して、
おなかの赤ちゃんの分までも、朝の綺麗《きれい》に透き通った風と光をいっぱい吸ってほしいのです。

貧血は血液中のヘモグロビン（たんぱく質血色素）が
少なくなった状態をいうのですが、
酸素はヘモグロビンによって運ばれるのですから、
母体が貧血していますと十分な酸素が胎児にいきわたらなくなります。

たばこを吸う女性がいますが、
ちょっとたばこについて書いておきます。
喫煙はまず新鮮な空気を吸うことに反します。
たばこのニコチンは胎盤に血液の流れる量を少なくするといわれていますから、
一日に二十本以上吸う妊婦の赤ちゃんは低出生体重児といって
二千五百グラム以下で生まれてくることがしばしばあります。
即刻やめてください。
節煙ではだめです。

妊婦さんだけでなく、幼児や青少年、いいえ、成人にとっても、たばこの害は、はっきり証明されています。

同時にアルコールの常用は、胎児アルコール症候群という手足の異常や、知能の遅れを示す子どもと関係があることが指摘されてきました。

妊婦によってはつわりの重くなる人があります。つわりの軽重には精神的なものもだいぶ働くようです。いずれは治るのですから、吐きたければ吐き、食べられるときに食べようとゆったりかまえていてください。

もう一つの大切な点は心、つまり精神状態についてです。妊娠中の女性は、絶えず精神が不安定な状態となります。ホルモンの急激な変化ということもありますし、日常のささいなできごとでも、妊婦の心は大きくゆれ動きます。お母さんの不安定な心は、そのままおなかの赤ちゃんに伝わり、よい影響を与えません。

妊婦はつねに気持ちを安定させるように、自分から努めることも大切ですが、妊婦をとりまく周囲の方々、とくにご主人は、身ごもった妻をよりいっそういたわってあげてほしいのです。女性だけが体験する妊娠のつらさを、せめてご主人は、精神面で分担したいものです。

（注釈）＊先天性風疹症候群
妊娠とくに妊娠初期の女性が、風疹にかかると、赤ちゃんに感染し、耳が聞こえにくい、目が見えにくい、生まれつき心臓に病気がある、発達がゆっくりしている、など先天性風疹症候群という病気にかかってしまうことがあります。妊娠の前に風疹の予防接種を受けてください。予防接種を受けた女性は二か月間は妊娠できません。妊娠中は予防接種を受けることができないことに注意してください。また、妊娠された女性がいる場合、その家族の方は風疹の予防接種を受けてください。

（小林）

母性は出産直後の一週間で目覚める

母と子の関係について、私がとくに強調したいのは、
出産してからの最初の一週間がいかに重要かということです。
母性本能は、じつは出産直後に赤ちゃんを見（視覚）、泣き声を聞き（聴覚）、
抱っこや授乳（触覚）によって、初めて強く発現してくるものです。

母性本能の目覚めにはタイミングが大きく左右します。

アメリカでの調査ですが、
出産直後から昼間の八時間は母親のベッドのそばに赤ちゃんを寝かせ、
母親が自由にさわれるようにして、夜だけ赤ちゃんを隔離した場合と、
授乳時以外はまったく隔離した場合とでは、
その後の母子関係がどうなるかを比較したものがあります。
サンプル数はそれぞれ二百人前後ですが、
まったく隔離された母子の場合、
その後二年間にいろいろと問題を起こしていることがわかりました。

その問題とは、いわゆる虐待児症候群と呼ばれるもので、
子どもが親からたたかれて骨を折ったり、
つねられて体じゅう傷だらけというように、
親が子どもに暴行を加えたわけです。
そのために入院するはめになった子が十人近くいたそうです。
それに対して、八時間同室していた母子のほうは、ほとんど問題なく、
たった一人、栄養不十分で入院した子がいただけでした。

お母さんは、生まれてまもないわが子を抱きしめたり、
あるいはただながめているだけでも、
「いとしい」という感情がつきあげてきて、
「わが子だ」という実感を得るのです。

また、赤ちゃんが乳首をさがし求めて口にくわえますと、
唇の刺激が乳首の先の神経から
お母さんの間脳《かんのう》の情緒中枢（母性中枢）に伝わり
母性本能をさらに刺激してより強い愛情をつくり上げていきます。

初乳を飲ませるということは、赤ちゃんの生命を守るばかりでなく、母親であるという意識を強くお母さんに印象づけることになります。

「この子のために、強く生きなければ」と、自分がかけがえのない存在であることにお母さんは気づきます。

お母さんが母親であることを自覚し、自信を持って赤ちゃんに接すれば、赤ちゃんの心も安心感に満たされます。

その点、心配なのは、いまだに日本の病院の一部が、赤ちゃんが誕生すると、赤ちゃんとお母さんは別々の部屋に分かれ、授乳の時だけいっしょになるという母子分離のシステムをとっていることです。

これは、一つには、赤ちゃんをよけいなばい菌にさらすのを防ぐためなのですが、母性の目覚めのためにも、また完全母乳栄養のためにも、母子同室制は重要です。正期産新生児を対象に出生直後、分娩室《ぶんべん》で行われる母子の早期接触はこれからの母と子の絆《きずな》を作るのに大切なので、医師の指導と管理体制のもと多くの病院では勧めています。

もし母子同室がかなわなかった場合でも、
お母さんは出産直後のできるだけ早い時期に、
赤ちゃんを抱っこしてあげてほしいと思います。
できることなら、昼間だけでもそばにおいてもらって、
泣いたらすぐに抱っこしてあげられればさらによいことです。

赤ちゃんは抱かれる大人の気分にとても敏感です。
お母さんが緊張していたりイライラしたりしていると、
赤ちゃんにもそれが伝わって
とても不安になって泣き出したり、もがいたりするのです。
ですから、落ち着いた気分で抱き上げ、やさしくみつめてあげてください。
抱き癖や依頼心がつきすぎることなどはまだ考えることはありません。

女性だから母性愛があるのは当然と思っている方が多いかもしれませんが、
母性というものは自然に生まれ育っていくものではありません。
やはり外からの刺激やお母さん自身の努力が、
より完全な母性に近づくためには重要なことなのです。

出産直後のお母さんへのやさしい勇気づけ

日ごろはどんなに楽天家の女性でも、いよいよ出産が近くなるにつれ、

「無事に出産できるかしら」

と不安になるものです。

そうした心理的な不安だけでなく、お母さんの体には生理的にも大きな変化が生じます。


たとえば出産するまでは、胎児が元気であれば、胎児の胎盤への刺激によって胎盤から女性ホルモンがたくさん出ています。ところが出産をしてしまえば、その胎盤も外へ出てしまいます。すると、それまで非妊婦の千倍もあるといわれたホルモンが、いっきに減ってしまうわけです。


ホルモンの激変はかならず、気分の激変につながります。

昔からホルモンの激変が起こった後一、二週間のいわゆる産じょくの時期には、

「たとえ、子どもに異常があったとしても、母親に教えてはならない」
といわれていますが、
この時期の女性の心理状態、精神状態はそれほど過敏になっているのです。
イライラしたり、どうかすると非常に沈うつになります。
それまでに出たことのないじんましんができることもありますし、
ほんのささいなことで母乳が出なくなることもあります。

お父さんは、まず、
お母さんがそういう状態にあるのをよく理解する必要があります。
そして、そのうえで、
お母さんが安定した気持ちを保てるように
やさしくいたわってあげてください。

場所が病院ですと、医師がいますし、
助産師さんが病室を見回って励ましてくれるので、お母さんの心は安定します。
ところが、家に帰ったとたん、
核家族ですと育児への不安がつきまとうでしょうし、

そうでなければ家族への心労が大変です。

母親と赤ちゃんの関係はまことに微妙です。母親が気を遣おうものなら、赤ちゃんの泣く回数はきっと増えるでしょう。母親の気疲れは熟睡を妨げ、寝不足はますます神経をとがらせることになります。理想的な栄養源である母乳の質が落ち、赤ちゃんの発育にも影響をおよぼします。

そんなことから、赤ちゃんの世話の仕方にだいぶ慣れるまでの産後一～二か月は、事情の許す限りお里で過ごすのがよいと思います。

育児の要領を知って、赤ちゃんがいとおしく思えるようになってからなら、複雑な対人関係や、育児への少々の不安は乗り越えられます。お里にいる間に気がねなく赤ちゃんの扱い方を教えてもらい、お里のお母さんとゆっくり世間話でもしておいでなさい。

＊やさしい勇気づけは母親を安どさせるなによりの薬です。

産院から直接自宅に、またはお里から早めに帰宅した場合には、ご主人をはじめ家族の方は批判がましいことはしばらく慎んで、やさしい言葉をかけてあげてください。やさしい言葉は母親を安どさせるなによりの薬です。

ところで、日本にはお産見舞いという習慣があります。親せきや隣近所の人、あるいは会社の人たちが、お見舞いの品をかかえて病室にどっと訪れ、口々にお定まりの文句をいって帰っていきます。これだけならまだしも、母子同室の場合には、赤ちゃんに触れたり、抱き上げてキスをしたりするものですから、生まれたばかりの赤ちゃんも、いちいちそのあいさつの受けこたえをしなければならないお母さんも、疲れ果ててしまいます。

お産のあとそばに行っていい人は、

ご主人が第一、それから里のお母さんです。
それ以外の人は、病室に踏み入るのはやめて、
見舞いの品は名前とお見舞いの言葉を書いて
看護師さんに渡しておいてはどうでしょうか。
本人に直接会って儀礼的な言葉を交わすよりずっと効果的なはずです。

（注釈）＊お母さんへのやさしい勇気づけ

お母さんが出産直後にお里に帰って過ごすのが良いということは、自分を産み育ててくれた親、特に母親から「優しい勇気づけ」が得られるからであると言えます。妊娠・分娩・出産そして子育てにとって最も大切なことは、ママになったばかりの新しい母親の周囲からの「優しい勇気づけ」が得られることです。それを明かしたのは、コロンビア大学のマーガレット・ミード教授のお弟子さんであるダナ・ラファエル女史でした。

その昔、私がロンドンでみつけて読んだ彼女の本、"Breastfeeding,Tender Gift"『母乳哺《ほ》育《いく》、優しい賜りもの』の中で、世界各地で行った文化人類学的な研究成果を柱にして、「母親への優しい勇気づけ」が重要であると書かれています。だからこそ、世界各地のそれぞれの文化の中で行われる妊娠・分娩・出産、育児の時には、「女性の優しい助け合い行動」がみられるというのです。日本ではどうでしょう。電車やバスの中で、妊婦さんへの気づかいや赤ちゃんファーストの社会が築かれているようには思えません。生命のバトンタッチをする女性の営みに「やさしい勇気づけ」をすることは社会全体の責任です。

（小林）

生まれてすぐの赤ちゃんにも感受性がある

生まれてしばらくは、赤ちゃんの目は見えないといわれてきましたが、じつは、生まれた直後から見ることはできるのです。

生後三十分ほどたち、赤ちゃんが目をあけて静かにしているとき、その目をしっかり見つめていると、それまであちこちうごかしていた瞳《ひとみ》をとめ、瞬間的に私の顔を見つめるのです。このとき私が目を左の方に動かすと、赤ちゃんも同じ方向に、ほんのわずかですが、瞳を動かします。生まれてすぐの赤ちゃんは頭がさえているのです。これを「新生児覚醒《かくせい》状態」とよびます。

同じような報告がアメリカの学会誌に出ていました。その報告には、生まれて十分後に人間の顔を描いた白い紙をある距離から見せると、正しく描かれているときはよく見つめるが、絵がでたらめなときは、全然見ないというものでした。

私は、新生児が人間の顔を識別するというのは無理だと思うのです。
まともな絵を見せるときは、
これは人間の顔だよと、見せる人はやさしい気持ちになり、
そうでないときは、これは違う絵だがどうかなという、
そうした気持ちの変化を新生児が感じて、反応が違ってくるのだと思います。
それほど新生児は雰囲気に敏感で、目も見えますし、
生まれてすぐから感覚的な感受性があるのです。
誕生直後の頭のさえた赤ちゃんの真剣な表情は、何かを脳裏に焼き付けようとしています。ですから、生まれた赤ちゃんのもっとも近くにいる人の顔が母であり父であるのが望ましいのです。

ゼロ歳だから何もわからないだろうと考えたら大間違いです。
親子の関係は徐々に培われていくのですから、
眠ってばかりいるような新生児でも、
赤ちゃんの世話をする人は態度をおろそかにできません。
このときの経験が、本人が気がつかなくても、
将来にわたって大きな影響をおよぼしてしまうからです。

ですから、赤ちゃんを抱いてあげようと思ったら、自分が怖い顔をしていないかどうか、いちど鏡で映してみるぐらいの余裕を持ってください。お母さんも、朝から気分がくしゃくしゃしていることもあるでしょう。育児だけでも気が抜けないのに、家事全般をとりしきるなど、かたときものんびりできないことはわかりますが、だからこそ、赤ちゃんを抱くときは心を落ち着けてもらいたいのです。名優になったつもりで、心のメーキャップをしていただきたいのです。

そして、三か月までの赤ちゃんでしたら、赤ちゃんが泣いているときやお母さんが抱きたいと思ったときには、どんどん抱いてもらいたいと思います。抱き癖がつくという人がありますが、生後三か月ごろまでの赤ちゃんが抱いて泣きやむのは、甘えではなく生理的な要求です。

たとえば、お乳を飲ませたあとで寝かせた赤ちゃんが、いきんだり、泣いたりすることがよくあります。
これは、お乳を飲みながらいっしょにたくさんの空気を飲みこんでいるためで、仰向《あおむ》けになると、
飲みこんだ空気が胃の幽門部（十二指腸との境の部分）にたまります。
この幽門部には痛みを感じる神経が集まっているので、
赤ちゃんは苦しくなって泣いたり、
空気を早く上か下に出そうとしていきむわけです。

こういうときは、首の後ろを支え、立てて抱き上げてやってください。
そうすると、空気が食道のほうにのぼっていきますが、
食道の真下あたりには自律神経があまり集まっていませんから、
不快感が少なくなって、赤ちゃんも楽になるのです。

もし、抱き癖を心配するなら、
赤ちゃんに甘えの感情が出てきて、
いわゆる「甘え泣き」がはじまる三か月以降の話です。

お母さんの誇りと責任

母親と娘、姑《しゅうとめ》と嫁、いつの時代でも、この対立は避けられないようです。
これは、無理のないことでしょう。
家事、育児、教育、どれをとってもつねに時代が変化していますから、
同じ条件では行えません。

昔のお母さんと今のママは、たとえていうと、
布おむつと紙おむつ、とでもいいましょうか。
洗いざらした布おむつには、手をかけた母親の愛情があふれ、
自然素材の木綿ですから、赤ちゃんの敏感な肌には、やさしいわけです。
けれども、清潔な便利さという点では、
使い捨ての紙おむつには、一歩譲らざるをえません。
ただ、紙おむつを使いますと、
どうしても単なる汚物処理という感じになってしまって、
赤ちゃんの排泄物《はいせつぶつ》に触れるチャンスが少なくなります。
排泄物というのは、赤ちゃん自身の健康状態を真っ先に教えてくれるものです。

それをよく確かめる前に捨てたのでは、
赤ちゃんの異変に気がつかないこともあるでしょう。
このように、布おむつにも紙おむつにも一長一短があるわけです。

　昔のお母さんと今のママという比較にも、同様のことがいえると思います。
昔のお母さんは年中暇なしで、ほんとうに気の毒なくらいでした。
洗濯機や掃除機のない時代ですから、
朝早くから夜おそくまで肉体労働の連続でした。
しかし、当人はそれほど自己犠牲をはらったとは思っていなかったようです。
家事、育児も、現代にくらべてはるかに重労働だったにもかかわらず、
精神的にはどこかのんびりしていました。
心に余裕があれば、ストレスはたまらないし、
子どものけんかやいたずらぐらいには、びくともしませんでした。

　では、現代のママは、といいますと、
家事、育児は全般的に楽になったはずなのに、
いつも疲れているような感じがします。
どうしてでしょう？

世間とか社会の情報といったものがめまぐるしく飛びかい、
それにふりまわされて、敏感になりすぎているのです。
新しい知識は、
先を争って吸収しなければ、世間にとり残されてしまうとばかりに、
たえず緊張を強いられています。
そして、その緊張は、悪いことに、育児や教育の世界にも影響しています。

どうして、もっと大らかな気持ちで子どもに接してやれないのかと、
見ていてハラハラさせられるくらいです。
その子どもが本来持っている長所を、
自然のままに伸ばしてやれたらどんなによいでしょう。

最近、女性の自立という問題にからんで、
育児も大切だが、母親自身を生かすということで、
育児とはまったく関係のない、好きなことをしてみたい、
という声を耳にします。
昔のお母さんはほとんど家庭専念型でしたが、
今は専業ママは少なく、多くの女性が仕事を持つとか、

何か他のことに興味が向いているようです。

女性の自立とか、人権とかの以前の問題として、
私はそのような女性が、本当の母親になっているかどうかを知りたいのです。
わが子を二の次にして、やりたいことがほんとうにあるものなのでしょうか？

子どもを産み、育てる、その子どもが成長し、また子どもを……
という、巨大な人類のサイクルを担っているのがお母さんなのです。
現代のママも、
育児という仕事にもっと誇りと責任を持っていただきたいのです。

〝母は強し〟ということわざがあります。
その強さというのは、
子育ての時にお母さん方が持つ、誇りと責任からくると思います。

母親としての自覚―愛情の示し方

すこやかなわが子の成長を願わない親はありません。だれもが子どものためを思い、惜しみない愛情を注ぎます。しかし、親としては、あふれんばかりの愛情を注いだつもりでも、じつはそれが伝わっていないこともあります。

お母さんの愛情の示し方が、自分の気分本位だったり、親としての気持ちが未熟だったりした場合には、むしろ、子どもの体や心によくない影響を与えることもあります。

おなかの赤ちゃんも、生まれたばかりの赤ちゃんも、母子相互作用*で既に母親の心の影響を受けるものなのです。わが子の成長を心から願うのであれば、母親としての自覚が、まず一番に必要となるわけです。

母親としての自覚がない人はイライラしてくると、不愉快の原因はすべて子どもにあるように思えてくるようで、何も知らない赤ちゃんにあたりちらしたり、または冷淡に扱うことがしばしばあります。

M・Z・トーマス博士は、そうしたことがたびかさなると「赤ちゃんは将来、権利のみを主張するような人間になってしまう怒りっぽくて、意地の悪い、」と警告しています。

赤ちゃんの間は、性格や動作に手をやくほどのことはありませんが、その間の扱い方によっては一歳、二歳と大きくなって自我が作られてくるにつれ、こんな子に育てた覚えはないのにと嘆くはめになりかねません。

子どもが愛情を十分に受けなかったことが原因で起こる病気も、たいへん多いのです。

子どもへの愛情の伝達がうまくいかなくなったやり方として、

たとえば「抱かない育児法」や「厳格に時間を決めて授乳する育児法」のような、欧米から輸入された育児法のうのみがあり、もう一つは、育児熱心のあまり、お母さんが育児ノイローゼなどで、心のゆとりを失った状態もあるということです。

子どもは両親の営みの中で育っていきます。母親だけが子どもを育てているわけではありません。父親が直接赤ちゃんの世話をしなくても、たとえ不在がちの父親でも、母親を通して父親の態度が赤ちゃんに伝わるのです。父親が母親への理解・協力を怠ったり、精神的に苦しめたりすれば、間接的に子どもを苦しめることになるのです。

情緒的な影響は生後何か月から始まって何か月に終わるというものではありませんが、赤ちゃんが周囲の状況をおぼろげながらにもわかり始める五か月ごろからは、とくに両親のお互いの態度に気をつけていただきたいと思います。

自分の子どもだから自分の責任で育てるのだという自負と信念を持って、
両親はお互いに理解し合い、
信頼し合う活気のある生活を送ってほしいと思います。
子どもは、自分が十分に愛されていると感じると、
心が安定し、食事や睡眠も十分にとれるようになり、
それが心身のよい発育をもたらしてくれます。

（注釈）＊母子相互作用①

母親と赤ちゃんとは、まず子宮のなかで胎盤を介してかかわりあいます。これは母体と胎児が胎児の臍帯《せいたい》と胎盤によって、ひとつのシステムをつくることを意味します。そののち、赤ちゃんは分娩をへて誕生しますが、これによって、臍帯と胎盤がとりのぞかれ、これまでの母子関係は中断されます。そして、母親は生まれてきた赤ちゃんに個人として反応し、赤ちゃんはそれにこたえ、親子はここで新しく個人対個人の母子関係を確立し、ひとつのシステムになります。こうして子宮のなかで存在していた生物学的な絆が情緒的な絆、ある意味では情報的な絆に移行するのです。

母子関係が確立して完全なものとなるためには、母親と赤ちゃんが感覚的に、つまり触覚、視覚、聴覚、嗅覚《きゅうかく》、味覚などをとおしておたがいに影響しあう相互作用を「母子相互作用」といいます。授乳や呼吸《きゅうせつ》、スキンシップなどの母と赤ちゃんの感覚器のコミュニケーション「母子相互作用」でお母さんには愛情が、赤ちゃんには愛着が生まれ、母子関係の強い絆がつくられるのです。

（小林）

天からの授かりもの

子どもは天からの授かりもの、という心がまえがたいせつです。

子どもは夫婦の宝ですから愛情のすべてを注ぐのは当然ですが、時には、夫婦の思いのままに子育てがしたい、と考えることもあるでしょう。「夫婦の思いのままに子育てがしたい」と願う気持ちの中に、感情におぼれない冷静さがあれば、子育てはりっぱに成功するでしょう。しかし、感情が先に立ち、子どもを自分のものとする考えがはたらいているときは、この思いは、裏目に出ると考えねばなりません。

子どもを自分のものであると考えることが徐々に高じ、子どもの命までも夫婦の私物と思い込み、地球よりも重いはずの尊い命を奪ってしまう悲劇に落ち込むこともあるのです。親子心中がそのよい例でしょう。

あふれるばかりの子どもへの愛情と、感情を抑えようとする冷静さとは、その兼ね合いがたいへん難しいものです。

この難しさを克服するものは何か？

——それが、子どもは天からの授かりもの、という心がまえだと思うのです。


赤ちゃんが生まれた時の喜びは、たとえようがありません。

けれど、育児はけっして楽な仕事ではなく、むしろ家庭内での重労働といえるかもしれません。

お母さんは、育児に日一日と疲れてきます。

やがてストレスがたまり、冷静さを失って、幼い子どもにあたるようなことをしてしまいます。

お母さんが感情的になりますと、
まだ判断力のそなわらない赤ちゃんであっても、
お母さんの動揺した心が伝わり、
子どもの「心の発達」に、たいへん悪い影響を与えることになります。

このようなときこそ、

「天からの授かりもの」という言葉を、しっかりとかみしめてほしいのです。子育ての責任感と、冷静さとがよみがえり、感情をむき出しにするようなことは起こさずにすむはずです。

「天からの授かりもの」の「天」というのを、医者である私は、「自然」であるというように一応考えています。

現在、体外受精の成功とか、男女産み分けの研究とかが、新聞や雑誌で大きくあつかわれています。

不妊に悩む女性にとっては、体外受精の成功は、たしかに福音です。男女の産み分けが容易になれば、喜ぶ人たちもたくさんいるかもしれません。けれども、男女の産み分けは、人間のわがまま、自然を無視した人間のおごりだと思います。

人類に十分な判断力のないままに、自然科学のほうが人文科学より先へ先へと進んでしまいました。自然の法則にまで人間の小ざかしさで踏み込んでいけば、やがては最後に悩むのは、人類そのものではないか、と私は心配でなりません。

出産、育児もまた、自然にそっていくのが正しいと思っています。

生まれてすぐ初乳を与えると、母性中枢が刺激され、母性愛が開花します。母性愛に目覚めたお母さんは、お乳の出もよくなります。こうした自然の作用が、よい意味で循環しているようです。

しかし、病院によっては、薬品などで出産日時のコントロールをはかることがあります。また、分娩室、保育室、産婦室が別々で、赤ちゃんが生まれたとたん、母と子は別れ別れにされ、定められた時間に会うシステムのところもあります。

病院で出産すること自体が悪いというのではありません。しかし、大切にすべき「自然」を、やや軽視したきらいがあります。今後の課題は、自然の摂理を大切にしていくことだといえるでしょう。

お父さんの育児参加

「窓から子どもを捨てる症候群」という言葉があり、自分が産んだ子どもを粗末に扱う傾向を指しています。妊娠中に夫の愛情がとぎれると、その後出産した母親は子どもを育てようとしなくなり、ポイと窓から捨ててしまう。恐ろしい話ですが、本当の話なのです。

また、キャプランという人が書いた本によると、「妊娠中に愛されなかった妊婦は、出産後、人にものを与えることに関して消極的になる」とあります。ものを与えることに消極的だということは、母乳を与えることに関しても消極的になるということです。それが結局は、生まれてきた者に対して、限りなき愛情を注ぎうるか否かということにつながるのだと思います。これでは、正常な育児を行うことはできないでしょう。

ですから、お父さんも「心」という部分で、妊娠、出産には大きくかかわっていることを忘れないでください。妊娠中の女性にとって、夫の接し方は出産や育児に大きく影響します。

子育て時期の夫婦にとって、もっとも大切なのは、二人がお互いの立場を理解し、助け合うことです。

乳幼児を持つ家庭はとかく子ども中心の生活になりがちです。妻は、自分は子育てで忙しいから、夫の世話や家庭の雑事は、すべてお断り。夫が不平を言うと、子育てを理由にかみつきます。妻の態度がぞんざいになれば、夫はおもしろいわけがありません。まして、昼間働いて疲れているのですから、イライラもつのるでしょう。これが、子どもにとって、もっとも悪い状況なのです。夫を思いやるゆとりを失えば、他の条件は満たしていても、よい教育環境とはけっしていえません。

夫のほうも同じです。

たとえ新婚時代のように、部屋がかたづいていなくても、けっしておこらず、
「育児で大変なんだな」と、考えてほしいのです。
ここで父親が、思うままに母親に怒鳴ってしまったら、
お定まりの夫婦ゲンカが始まってしまいます。

子どもは、大人が思っている以上に、こうした親の不和を敏感に感じとります。
寝つきが悪くなったり、夜泣きをしたりします。

そのうえ、父親は育児において、
母親の協力者、あるいは心の支えになってあげなければならないのに、
これでは、
母親の精神状態を悪い方へと追い込むだけの存在になってしまいます。
母親の精神状態が悪くなれば、
子どもの心は、さらに不安定になるという悪循環に陥ります。

母親の気持ちを楽にして育児をさせてあげるのが、父親の役目です。
家の中が散らかっていても、
子どもの世話が忙しくて手がまわらないのだな、

と思ってやるだけでもすばらしい父親といえます。
なにもおむつを替えたりしなくとも、
これだけでりっぱな育児への参加になっています。

父親が、形の上で、育児のこまかい技術にたち入るのは、避けたほうがいいでしょう。

父親も家でママの役しかやらないとなると「ママ二人」の育児になってしまいかねません。

育児には大きな視野で子どもをみていくことも大切なことです。

技術的なことよりも、子どもに対する正しい知識を持った父親であってほしい、母親の育児に、自信とゆとりをもたらす大きな存在であってほしいと思います。

長年、たくさんの親子に接してきて、
育児の基本が夫婦のいたわり合いだと、つくづく思えるのです。

父親としての自覚—命の重さ

時代とともに、育児も進歩します。

現在は百パーセントとはいかないまでも、医学は急速に進歩し、命を守る子育てはほんとうに楽になりました。

そして、子育てに「心の問題」を考える時期が今やっとおとずれたのです。

医学の進歩に支えられながら、
子どもをどのような素晴らしい人間に育てるか——
子育ては、その理想に大きく一歩近づいたといえるでしょう。

初めて私が父親になったのは、昭和十年、二十九歳のときでした。

ある晩、どうしたことか、家内が幾度もお手洗いに立ちます。

借家住まいで二階に眠り、お手洗いは階下にありましたから、家内はもうフウフウと肩であらい呼吸をしています。

おなかが痛い、と言います。

そのうち、お手洗いにおりる時間が、もっと近くなりました。

じつは、これが陣痛だったわけですが、
夜中に何度もおなかが痛いという家内の訴えに、
私自身が医者でありながら、気づかなかったのでした。

出産には、家内を診てもらっていた恩師に言われて、私も立ち会いました。
現在のように、夫が妻の出産に立ち会うということは、
まったくなかった時代です。
産室へと一歩踏み込む時の、なんと足の重かったこと。

私が産室の隅っこに座って極度に緊張していると、
娘の元気な産声がしました。
あの、人間としての素晴らしい第一声……。

この時の私の感想といえば、
「ああ、ついに生まれたんだなァ」という深い感慨に続いて、
「妻と赤ん坊は、無事だろうか」と心配ばかりしておりました。
もう、自分が医者であるということなど、すっかり忘れているのです。

ただそこにいるのは、オロオロしている一人の男性でした。

看護師さんが赤ちゃんを大事そうに抱いて、私のところへ来ると、にこにこしながら顔を見せてくれました。

「この子が、私の娘なんだ」

これが、私の単純な実感でした。

しかし、本当をいえば、まだ私自身、「父親になった」という感じではなかったようです。そのあたりの感情は、まことにあいまいなものでした。

やがて母子ともに、無事に退院の日を迎えることができました。赤ん坊が、わが家にかえってきました。

こうなると、もう人さまには頼っていられません。父親としての責任感が、おなかの底からわき起こってきました。

娘が生まれたころの育児状況はといえば、母乳や人工栄養について、小児科でうんぬんするようなことはありませんでした。
乳児の場合は、
肺炎、先天性弱児（未熟児など）、下痢腸炎が三大死亡原因といわれ、
これらの病気から子どもを守ること、命を守ることに、
私たち小児科医は精いっぱいでした。
ですから、子どもをどんな子に育てようとか、
よい子に育てたいとか思う余裕など、
まったくなかったといってよいのです。

　命の尊さは、地球より重いといわれています。
その重さを支えるのが、私たち小児科医に与えられた仕事だと思い、
この道を歩んできました。
あのつぶらな瞳、やわらかいほお、小さな手足……。
幼い子に接したとたん、私は無意識のうちに、
その子どもたちの命の重さを支えよう、と思わずにはいられないのです。

　世のお父さん、お母さん、
医者の私も子どもの命の重さを支えますから、

どうかみなさんも子どもたちの「命の重さ」を自覚なさっていただきたいのです。
自分の子に対しても、人さまの子に対しても、分け隔てのない広い心で、
「命の重さ」を悟ってください。
そうすれば、毎日のように新聞に載っている悲劇なぞ、
絶対に起こりようはずはないのです。

私が初めて父親になったころ

私が初めて父親になった時代は、子どもが悪い病気にかからず、ハシカやオタフクカゼのような伝染病にかかっても軽くすみ、無事に成長することだけを祈っていました。大きくなったらどんな学校に通わせ、将来はどんな会社に勤めさせるかなどということは、ほとんどの親が考えませんでした。

五月に生まれた私の長女は、三、四か月ほどたって、毎晩、夜泣きをするようになりました。

今から考えると、それは夏季熱だったのでしょう。娘は母乳だけの時期は、きわめて短くて、母乳と牛乳・無糖練乳や粉乳などの人工栄養を併用する混合栄養へ、さらに人工栄養へと変わっていましたので、それも関係していたと思います。当時はクーラーなどはありませんから、熱帯夜が続いてうだるような暑さです。

そのうえ、用心をして水分も十分に与えなかったものですから、熱はいっこうに下がりません。

折もおり、娘がぼうこうカタルを起こしました。私は疲れて研究所からもどってくるのですが、家の格子に手をかけたとたんに研究のことなど忘れてしまい、決まったように娘の熱のことが心配になって、玄関を入ると真っ先に、

「熱どうだった？」

と、家内に聞かずにはいられません。

「まだ、下がりません」

こんなふうに答えられると、私はすっかり気落ちしてしまい、激しい疲労感におそわれるのでした。

それでも、私も医者ですから、これが最新だといわれる薬を娘に与えました。とにかく、熱があるなら下げてやるというように、さし迫った治療に夢中でした。

この子がどのように生まれ、この先どのように育てていこうか、などと考える余裕は、露ほどもありませんでした。

医者になりたての私は、娘の熱にただ右往左往するばかり。

初めて父親になったときの、これが偽らぬ私の姿でした。

お互いに六十～七十になったころ、家内がよく言いました。

「今、子どもが生まれたとしたら、もっとましな育児ができたでしょうね」

ほんとうにそうかもしれません。

あのころを思うと、私は家内に感謝せずにはいられません。

昼も夜も四六時中育児に追いまわされ、おそらく気持ちのやすまる時はなかったでしょう。

長女が赤ん坊だったころの日本は、
百年も前のドイツの科学万能主義におおわれ、
自然の摂理を無視した形式主義におかされていました。
子どもは、太らせればよい、
人間は、たんぱく質と脂肪とカロリーを適当にとり、ある程度子どもが成長すれば、育児はそれで事足れり、と考えられていた時代です。

こんな状況の中で、家内は子どもを育てていたのです。
いや、世の中の親という親が、みんな、
不完全な科学をバックに、子育てに励んでいたのです。

子どもを完全無欠の環境の中で育てたいと思うのは、
すべての親たちの願望です。
千年前も百年前も、現在の親たちも、その願いに変わりはありません。
どのような時代でも、どのような不完全な環境の中でも、
ひたすら親たちは子どもの成長のために尽くしてきました。

現在、私たちは、医学的にも経済的にも育児には恵まれています。
このように子育てが楽になった時代だからこそ、今度は本腰をすえて、
子育てと心の問題とを真剣に考えなければならないと思います。

三十歳代の初産は普通です

つい最近まで、三十歳をすぎた初産はお産が重いとされていました。現在でも、必要以上に神経質になるお母さんも少なくありません。三十代半ばで、まだ産めるだろうかと悩んでいる女性も多いようです。

また、女性雑誌のページをめくると、すぐに高齢出産の記事が目につくほど、高齢出産に対する関心が高いようです。中には、不必要な不安をかき立てる記事もあり、高齢出産圏内の女性はますます不安になります。

高齢出産は、たしかに増えています。それはなぜかといいますと、大学進学による学卒年齢が高くなり、あわせて職場での就業年齢も高くなって、高齢出産の女性も増えていきます。一方では、自立をめざす女性が増え、気がついた時には、高齢出産者の列に加わっていた、ということも多いようです。

この傾向はアメリカにおいてもまったく同様です。

では、三十歳を超すと、ほんとうに出産は難しくなるのでしょうか？

私がここではっきりといっておきたいのは、現代人の体は昔の人にくらべ、とても若いということです。少なくとも十歳は若くなったといわれています。

若いということはホルモン、とくに性的ホルモンの問題なのです。つまり、子どもを産める期間が明らかに長くなったことを意味し、そのための体のすべての組織も若くなったというわけです。

ですから、従来の感覚で出産年齢を考えるのは、間違っていることになります。

ただし、いくら体が若くなったとはいっても、おのずと限界はあります。四十歳以上、とくに四十五歳を超えた出産には、十分な配慮が必要です。

それに、おそい子持ちは、育児が楽ではありません。二十年後の自分の状態を考えておくことも大事でしょう。

もし、あなたが三十歳代なら、安心してどんどん産みなさい。万一、なんらかの障害が起こったとしても、現代医学はあなたを安全に守ります。
むしろ、高齢出産ということばが持つイメージに、
必要以上の不安を持ったり、
神経質になったりすることのほうがずっと問題かもしれません。

お母さんひとりだけの育児であっても

育児というものは、仲のよい夫婦が一致協力してやっていくのが理想です。それに加えて、おじいちゃん、おばあちゃん、近所の人の思いやりなど、夫婦を温かく見守ってくれる周囲の環境がととのっていれば申し分ありません。

けれども、世の家庭がどこでもそうした条件がすべてととのっているとはいえませんし、むしろどの家庭でも、何かひとつぐらいは欠けているのが普通でしょう。条件がそろっていなくても、足りなければ足りないなりに、子どもたちはすくすくと育ってゆくものですが、なんらかの理由で、お母さんが一人で育児をするケースについて、少し述べておきましょう。

不幸にもご主人に先立たれた場合もあるでしょうし、アメリカほどではないにせよ、最近日本でも、若くて離婚をする夫婦が増加傾向にあるようです。

死別はともかく、
親との生別は、子どもにとってけっして望ましいものではないのですが、
どちらかといえば、
子どもが小さいうちは、お母さんの手もとで育てられるほうがよいでしょう。
私たちの病院へも、
母親一人だけの育児に取り組んでいるお母さんがたくさん来ますが、
どのお母さんも、昔ほどの暗さや深刻さもなく、明るくやっているようです。
先にも述べましたが、
どの家庭もすべての好条件がそろっているわけではありません。
また、全部がそろったからといって、
かならずよい子が育つという保証もありません。

要はお母さんの気持ちの持ちよう、
育児の取り組み方次第で、なんとでもなるものなのです。

私のところに来ていた人の中にも、
母親一人という条件の中で、
普通の家庭の子どもよりも、むしろりっぱに成長した子どもがたくさんいます。

子どもが幼いうちは、母親を、より必要とするものですし、
そのころまでは、あらゆる判断の基準を母親に求めるものなのです。
また、母親がある程度まで、精神的な父性をも兼ねることは十分可能です。
したがって、父親が欠けているという事実よりも、
むしろ父親がいないことを必要以上に気にかけてしまう母親の態度にこそ、
母親だけの育児の落とし穴があるようです。

子育てに気負いは不要です。
ごくごく普通に接していればいいのに、
父親がいなくてかわいそうとばかりに、必要以上に甘やかしてしまうか、
反対に父親の分までとの気負いから、
厳しすぎる母親になってしまう傾向があるようです。
このような環境では、
もし男の子なら、マザーコンプレックスの青年に育ててしまうことでしょう。

父親の存在は、
やはり子どもの心の成長の過程に重要な役割を持っていますから、
父親がいない場合、それに代わる何か、

たとえば自分の両親、兄弟、友人のご主人などに、臆《おく》せずアドバイスを仰ぐことです。

要は、殻にこもってひとりよがりにならないよう気をつけることです。

自分の住む世界を広げていくように努めれば、その世界は自分の子どもも共有できるのです。

その中に父親代わりに子どもの精神的な支えとなってくれる人がいると思います。


どうか、お母さんのできる範囲でベストを尽くしてあげてください。

お母さんの願いは、かならず子どもに伝わります。

第二章

母乳

母乳で育てよう

人間として育っていく第一歩で、いちばん大切なのは何か、と問われた時、私はいつも
「いちばん最初に赤ちゃんの消化器を通るものは、その子を産んだ母親の初乳であってほしいと思います。これがよりよい人間づくりのための育児の出発点として唯一無二の大切なことだからです」と言います。

ゼロ歳児のしつけのスタートは、母乳栄養と抱っこに帰着します。
つまり、母乳*を与えながらのスキンシップは、育児にとってもっとも重要なことなのです。

生後すぐの赤ちゃんでも、
一般に赤ちゃんはお母さんに抱っこされることがなによりも好きです。
それは母乳を与えれば、ごく自然にできることです。

赤ちゃんの心もなごみます。どうか赤ちゃんが欲しがるたびに抱いて、乳をふくませ、あなたの赤ちゃんをぜひ母乳で育てていただきたいと思います。
母性は、赤ちゃんが生まれてから目覚めてきます。
出産は母親のスタートというわけですが、
母性の確立は、授乳によってごく自然にできるのです。
赤ちゃんに乳首を吸われると、
その皮膚感覚が脳の情緒中枢を刺激し、
母親らしい心を育てる役割を果たします。
これが繰り返されるうちに、母性がしっかり強化されるからです。

最近のお母さんは、育児に自信を失っているとよくいわれます。
不安を解消し、育児に自信を持てるようになるために、
母乳を飲ませることは何にもまさる〝特効薬〟になってくれるのです。

自分の乳を飲んで空腹を満たす赤ちゃんを見ていると、
母親は自分が、

赤ちゃんにとってかけがえのない人間になっていることに気がついてきます。
そこから自分の乳が赤ちゃんを育てているという、
母親としての自覚と自信がわいてくるでしょう。
こうして母と子が強いきずなでむすばれれば、
もう育児ノイローゼなどにかかる心配もありません。
この母子一体感が強すぎると、
自分の子を客観的に見られなくなってよくないという意見もありますが、
それよりまずお母さんが自覚と自信を持つことが大事です。

情緒不安定の子は、その根源をたずねていくと、
生まれてすぐ母親の愛情に包まれる時間が少なかったのではないだろうか、
人工栄養のためにスキンシップが不足だったのではないか、
お母さんの愛のまなざしにさらされる時間が少なかったり、
人工栄養で助長されたアレルギーが、
あとあとの人格形成にゆがみを残したのではないか、
などさまざまな反省がなされています。

体の成長だけを考えると、

人工栄養でも母乳でもそう差はありませんが、
栄養を与えられて体が大きくなるだけを発育と思ってはいけません。
栄養を与えるだけならロボットでもできますが、
子どもの心の発達と体の成長を促してやれるのはお母さんだけなのです。
母乳を与えるということは、
子どもの心と体の発育にとってもっとも大切なことなのです。

また、母乳を初めて飲ませる時は、親子ともたいへんな努力がいります。
ほ乳びんのようにちょっと吸えばサッと出る、というわけにもいかないので、
赤ちゃんの努力もなまやさしいものではありません。
この努力して欲しいものを得ることが、
赤ちゃんの素晴らしい人間形成の第一歩となり、
成長し独立するときの大きな力となることを忘れてはなりません。

バストがくずれるから母乳をあげるのはいやだ、
という母親がいまだにいるとすれば、とても残念なことです。
自分の都合だけを考えていたら、子育てはうまくいくものではありません。
その結果は、十年先、二十年先にならないとわからないかもしれませんが、

そのときになって子どもに泣かされるようなことになっても、もうとり返しはつかないのです。

（注釈）＊母乳を与えながらのスキンシップ

母子相互作用の立場から、母乳哺育《ほいく》をみると、母性の確立にとって大きな意義をもつことは明らかです。

吸啜《きゅうせつ》刺激…母乳哺育においてもっともたいせつなのは赤ちゃん自身の吸啜行動です。それは、母親のみが体験する吸啜の刺激に対する感覚、それにともなう泌乳反射（場合によっては射乳反射）によって引き起こされる感覚をあたえ、母親としての意識、すなわち母性を確立させ、母としての気持ちをよびおこします。そういう意味でも、赤ちゃんの吸啜はきわめて重要です。母乳哺育では、母親は子どもを胸に抱くので、顔と顔を向き合わせる体位をとります。これは赤ちゃんがその視力で母親の顔を十分認知することのできる距離でもあります。

視覚…母乳哺育においては視覚もたいせつな役割を果たしています。母と子はおたがいの顔の表情を見て、視線を合わせます。人間の乳房は胸部で突出しているので、赤ちゃんと母親は母乳哺育にさいして視線を合わせやすいのです。

触覚…哺乳しているときに赤ちゃんはじぶんの口唇や舌で母親の乳頭を感じ、さらに手で母親の体をさわったりします。したがって触覚、すなわち、口唇や乳頭という敏感な部分でおたがいがふれあうことによる母子相互作用の効果も大きいのです。赤ちゃんは口唇や舌で乳頭を刺激しながら、手で母親の体をさわることにより、母親はつよい感覚的な刺激を受けると報告されています。

聴覚…赤ちゃんの聴覚は生まれたときに十分に発達しており、母親の語りかけに反応して手足の動きを同調させます。聴覚がたいせつな役割を果たすのは、赤ちゃんの吸啜行動の休み時間です。赤ちゃんは吸啜、休み、吸啜、休みのくりかえしで母乳を飲みます。月齢とともにそのリズムがはやくなりますが、この休み時間に母親は赤ちゃんを軽くゆさぶったり語りかけたりします。反対に、このゆさぶりや語りかけがないと赤ちゃんが「アー」「ウー」などの声を出して、それを求めるようになります。つまり母乳哺育においては、聴覚を介した見事な母子相互作用もあるのです。

また母親の聴覚もたいせつな役割を果たしています。赤ちゃんの「泣く」という行動は、じぶんの感情を発現する重要な手段です。母乳哺育中の女性は、哺育していないときでも、赤ちゃんや幼い子どもの泣き声に敏感であって、とくにわが子の泣き声を聞くと乳房の血液循環が急激に上昇し、乳房が緊張し、泌乳反応をおこす場合さえあるといいます。

したがって　母乳哺育では、母と子の双方の聴覚を介しても母子相互作用がおこっています。その意味でも、母乳哺育は人工栄養による哺育とはちがった意義があると考えられます。

味覚…人工栄養ではミルクの味は単一で変化がありませんが、母乳の味は月齢、個人差などによってその風味に変化があるものと考えられています。

赤ちゃんが吸啜をはじめると母乳分泌量は急速に増えますが、この間には母乳中のタンパク質の濃度に変化はほとんどみられません。しかし、脂肪の濃度、母乳じたいのpH、さらに母乳のなかにふくまれるタンパク質以外の乾燥成分重量（母乳を乾燥させたときに残る成分で、タンパク質、脂肪、糖のほかにミネラルなど）は増加します。したがって、片側の乳房で行う一回の哺乳でも、その過程で母乳の風味が時間的に変化するといえます。

（小林）

母乳分泌が悪いお母さんへ

最近は母乳の出ないお母さんが増えているといわれますが、私の見るところでは、母乳が出ないというよりは、母乳分泌がよくならないような環境や、育児指導が、多くなってきたといったほうが正確なようです。
どういうことかというと、
まず現在、広く行われている退院指導に一つの問題があるのではないかと、私は考えているのです。

退院指導では、授乳は三時間おきとお母さんは教えられます。
でも赤ちゃんはいつも規則正しい機械などではありません。
たとえば時間がきたからと授乳したとき、
赤ちゃんが十分吸っていないのに、
満腹したようにみせて乳首をはなすことがあります。
そうするとお母さんも飲み足りたと思って寝かせますが、
当然のことながら、すぐにおなかをすかして泣き始めます。

ここで、授乳は三時間おき、ということだけが頭にあると、お母さんは時計を見ながらイライラ、オロオロ。
これがストレスとなってお乳の出を悪くしてしまい、赤ちゃんもうまく吸えないのでいやがります。
赤ちゃんが十分に吸わないと、ますますお乳の出が悪くなるという悪循環に陥ってしまうわけです。

生後一～二か月の間は、
泣いたらいつでも母乳を赤ちゃんに飲ませてあげてください。
一回のほ乳量が多くなれば自然と三～四時間おきとなってきます。
厳格に時間にとらわれ、
そのために自分の赤ちゃんに大切な母乳を与えられなくなるのでは、
何か本末転倒ということになりましょう。

とくにお勤めに出るお母さんには、
この授乳時間にはあまりこだわらないようにと、私はアドバイスしたいのです。
赤ちゃんを預けて仕事に出れば、それだけ授乳の機会も少なくなります。

せめて家に帰った時は、
欲しがって泣いたら時間を気にせず母乳を与えてやってほしいのです。
そうすることによって、
昼間、失われている赤ちゃんとの母と子としての接触もとりもどせるでしょう。

「抱かない育児法」や「時間を決めた授乳」など、
そうしたやり方を重大なものと考えすぎて振り回されないでほしいと思います。
「抱きたいのに、もし抱き癖がついて
自立心のない子に育ったらどうしましょう」とか
「赤ちゃんが、おなかがすいて泣いているのに、
次の時間までにはまだ間はあるし……」とお母さんを不安にさせます。

現代のストレスの多い生活に、出産によってまたストレスが加わり、
さらに教えられた通りに、
ちょっとでも違わないように赤ちゃんを扱わなければいけないと思うと、
お母さんは大変な緊張の連続となり、
それによるストレスを強いられるわけです。
母親がそういう精神状態になると、

赤ちゃんには、肌を通じてその緊張が伝わり、せっかく母乳がたまっていても少ししか飲めません。初産の母は、ただでさえ不安の中で授乳をしているのですから緊張しすぎています。

赤ちゃんを抱くとき肩の力を抜いてください。

肩に力が入らなくなれば、お乳もよく吸うようになります。


また、お母さんの不安やイライラは、そのまま子どもの心に不安感やイライラした気分を芽ばえさせます。子どもの心は安定を欠くことになるのです。


お母さんが大らかにかまえ、母も子もどちらもリラックスし、心に余裕があるとき、愛情の交流もスムーズにいくのです。

もともと育児には、絶対にこれでなければいけないというような決まりはないのです。それぞれの家庭に合わせて、それぞれの育児法があっていいということです。

そう考えて、お母さんがゆったり育児にあたったほうが、赤ちゃんの心にもよい結果をもたらすことは間違いありません。
ふんだんに母乳が出るお母さんもいれば、そうでないお母さんもいます。個人差がある理《ことわり》です。

母乳の分泌は、プロラクチンと呼ばれる催乳ホルモンの働きで始まります。この働きは出産後、胎盤が体外に出てしまうまでは、胎盤から出るいろいろなホルモンによって抑えられています。このホルモンが早く体外に出てしまえば問題はありません。

ところが、産婦によっては、出産後も数日間胎盤から出たホルモンが体内に相当量残っている場合や、初産婦の場合、出産への不安などで、胎盤から出るホルモンとプロラクチンとの入れ替えが、スムーズに行われなくなり、母乳が出ないことがあります。
こんなときは、夫や家族など周囲の方の励ましが最良の薬になります。

産婦のほうは、ゆったりした気持ちでお乳の出るのをまちましょう。

しかし、あまりストレスもなく、自然出産でしかも安産、赤ちゃんの体重は三千グラム以上の成熟児である場合に母乳が出ない、というのでは、むしろお母さんに「やる気がない」というふうに私は厳しく受け取ります。初乳の出るもっとも大事な二週間のあいだすら、母乳を与えられないのは、お母さんの怠慢という以外、言葉がありません。

母乳が出ないとあきらめる前に、最初の二週間は乳首をしゃぶらせ続けてください。赤ちゃんの元気がよければ、一日か二日、母乳の分泌がまったくなくても気にせず、母乳哺育をあきらめないでください。はじめの五、六日間、ほとんど母乳が出なくても、そのあとから母乳の出がよくなれば、赤ちゃんは無事すくすく育ってくれるものです。

また、二週間目くらいから、急にお乳の出がよくなることもありますから、お母さんは気持ちを楽にして母乳哺育を続けてください。

十日やそこらあまり母乳が出なくても、赤ちゃんの体重は十パーセント以上減ることはありませんし、脳や体の発達に影響することはありません。


お母さんによっては、母乳の分泌がよくても陥没乳頭といって、乳首がへっこんでいたり、扁平《へんぺい》で、赤ちゃんが吸えるような形になっていないことがときどきあります。

そういうときは、経験豊かな助産師さんなどに相談してください。

免疫物質IgAが多く含まれている初乳

出産後一週間、ときには二週間くらいの間に出る母乳のことを、初乳と呼びます。

母乳栄養の重大な意義の大半が、この初乳に含まれており、いまではだれもがその重要性を認めています。


なぜ、初乳がそんなに大切なのでしょう。

栄養的にもすぐれていますが、とくに、その成分中に免疫物質*を含んでいるからなのです。


乳房には、妊娠後期になると少しずつですが、乳汁がたまっていき、黄色みを帯びた、どろりとした乳汁、つまり初乳ができあがっています。

初乳はそのあとに出る成熟乳より脂肪の量は少ないのですが、たんぱく質を多く含んでいます。

そのたんぱく質の中に、

赤ちゃんを病気から守り、
健康な発育に重要な働きをする
分泌型IgAという免疫物質がひじょうに多く含まれているのです。
免疫物質は、母乳だけの特性で、
牛乳や練乳、粉乳などの人工栄養にはほとんど含まれていません。
分泌型IgAは、消化作用を受けず、吸収も分解もされませんが、
飲むことによって、ちょうどペンキを塗るように、
赤ちゃんの呼吸器や消化器の粘膜の表面をおおって、
大腸菌やチフス菌、ウィルスなどが侵入して病気になるのを防ぐのです。
生後六〜十二週間くらい経過しないと、
赤ちゃんの気管支や消化器の粘膜は、
自分でこの分泌型IgAをつくり出すことができませんので、
その間の赤ちゃんにとっては、初乳に含まれる分泌型IgAだけが、
細菌やウィルスなどの侵入から守ってくれるわけです。

IgAのもう一つの働きは、
いろいろなアレルギーを起こす抗原（原因物質）が、

腸の中に侵入するのを防いでくれることです。
この防御壁ができないうちに、
つまり初乳を与えないでミルクなどの人工栄養を与えると、
腸粘膜の働きが未熟な新生児は、
人間のたんぱく質とは異種の牛のたんぱく質をどんどん吸収してしまいます。
そして、その異種たんぱく質が抗原となって、
体質によって牛乳アレルギーを起こすことにもなるわけです。

牛乳は、子どもの成長にたいへんすぐれた食物です。
最初に人工栄養を飲んでしまったために、
幼児期、学童期になって牛乳ぎらいになるとか、
一日五本飲んだところで、効果より副作用のほうが多いということになったら、
子どもにとっては大きな損失です。

これまで述べたほかにも、
初乳には赤ちゃんを病気から守ってくれるものがたくさんあります。
たとえば、鉄とたんぱく質が結びついてできたラクトフェリンは、
細菌の働きを弱めたり殺したりすることで知られています。

また、いろんな酵素があります。

そのなかのひとつでリゾチームという酵素にもやはり細菌、ウイルスが赤ちゃんの体に結びつくのを阻止する働きがあるようです。


母乳のよさをいろいろ考えると、簡単に人工栄養を与えてほしくないと、つくづく思います。

母乳で育てていますとおっしゃるお母さんによく聞いてみますと、産院にいる間は人工栄養で、退院してから母乳を飲ませたという方が多いのです。

これは施設分娩《ぶんべん》での赤ちゃんへの栄養の与え方に問題があるのですが、一ccであろうと一回であろうと、人工栄養を与えてしまった後で与える母乳栄養は、本当の母乳栄養とはいえないのです。

そのわけは分泌型IgAの説明でおわかりいただけたと思います。


あなたが、完全母乳栄養をやりたいと思ったら、産院の医師や、助産師さんに丁重に、最初から母乳を飲ませてほしいと頼んでおくことです。

そして子どもを丈夫に育てるためには、
かならず初乳から与えてほしいと思います。

（注釈）＊免疫物質

母親がなにかに感染して、その抗原による刺激を受けてできた抗体は、一方ではIgGとして胎盤を通る血液を通じて胎内の赤ちゃんにおくられます。他方では分娩後、母乳中の分泌型IgAとして赤ちゃんが飲みます。つまり母親は二つの方法で、じぶんがもっている免疫グロブリン（抗体）をわが子におくって守っています。

最近では食物アレルギーの子ども達が多いことはよく知られています。国立成育医療研究センターの報告では卵アレルギーについては、加熱した卵をほんの少しずつ乳児期に与えるとアレルギーの予防に効果的と発表されました。しかし、食物アレルギーは命に関わるショック症状を引き起こすことも時にはあるため、家族にアレルギー疾患の既往症がある、または既に発症している子どもの場合は予防や治療には、必ず小児科医にご相談をしてください。

（小林）

よい母乳を出すには

よい母乳哺育を行うためには、やはり、妊娠中から母親となったときへの心がけが大切なのです。注意して栄養をとっても、残念なことに母乳には牛乳や人工栄養のミルクのそれにくらべて、ビタミンKが四分の一くらいしかありません。これを補って栄養バランスのとれた母乳にするために、妊娠末期から、青野菜、ことにほうれん草（十分あく抜きした）、納豆などをつとめて毎日とるようにしてください。

また、汚染された食物をなるべく少なくする、ということを前提として考えなければならないことは、いうまでもないことです。

長い期間、薬剤を母親が飲んでいる場合に、乳の中から少しずつ乳児に行くことがあることは、

実際に証明されているようですが、
麻薬常習などを別として、
短期間服用のものなどはほとんど作用しない程度のもので、
排泄《はいせつ》されてしまいますから、
これは問題にならないと思います。

はじめての妊娠で、
それまで、B型肝炎ウイルスの検査を受けていない妊婦の方は、
必ず検査を受けるようにしてください。
ウイルスが陽性の場合、母乳か人工栄養にするかはお医者さんの専門的なご判断
を仰いでください。

母乳の成分　亜鉛・銅

亜鉛の役目というのは、じつにおもしろいものです。

牛乳の中にはないのです。

亜鉛が欠乏したものを飲んでいますと、肛門《こうもん》とか口の周り、すなわち、体の消化器官の入り口・出口に、ひどい湿疹《しっしん》、それから、手の先に強い皮膚炎が起こってきます。

これには〈アクロデルマティティス・エントロパティカ〉という名まえがありまして、これは母乳をやると治るということがわかってきました。


長い間、チューブで栄養をいろいろ加えたものをあげていた赤ちゃんの治療中に不思議に湿疹が出てきました。肛門や口の周りに湿疹ができて、毛が抜けてきたり、皮膚が乾いたり、という現象が起こってきました。

いろいろと詳しく研究された結果、血液の中に亜鉛が少ない、普通の半分ぐらいに減っていたということがわかって、亜鉛を少し加えたら、とたんに劇的に治ったということがいわれています。

母乳と人工栄養の大きな成分の差は、小さな微量成分、たとえば〈ヘモグロビン〉について関係の深い鉄はもちろんのこと、銅・亜鉛の成分にしても、母乳にはいちばん都合よく含まれていることです。したがって銅の吸収もいいわけです。

銅は貧血などに関係がありますが、人工栄養児と母乳栄養児の色つやを見てごらんなさい。まず、肌がきれいでつるつるしていて、赤みが強いのが母乳栄養児です。これは銅・亜鉛などの微量成分の影響と関係があるのでしょう。こういうことも考えておかなければなりません。

未熟児と初乳

千五百グラム未満の極小未熟児と称せられる場合、われわれがいつも問題にするのは、
酸素を使うこと、
時には人工呼吸器や輸液をすること、
この二つの機会が多いということなのです。

極小未熟児の障害の大きな問題として、〈えそ性腸炎〉が起こるということです。

お乳を口から飲めない未熟児は、おヘソなどから点滴して栄養を与えますが、日がたつうち、大腸に菌がついて〈えそ性腸炎〉になり、それがひどくなって腹膜炎を起こすことがしばしばあるのです。

ところが、
初乳を与えられていた赤ちゃんには起こりにくいことがわかりました。

最近では、未熟児にもできるだけ母親の初乳を与えたほうがよい、という考えが広まっています。

母乳栄養と赤ちゃんの体重

*母乳栄養は、赤ちゃんの命を守るために、
人工栄養にくらべていろいろすぐれていますが、
ただ母乳でがんばりますと、七日前後で退院するとき、
生まれたときの体重に戻っていない赤ちゃんがいることがありますが、
それは気にすることはありません。

新生児の生理的体重減少は少ないほうがいい、
産院から帰ってくるときは、
太って帰るほうがいいことのように考えることは、
母乳栄養を成立させる上からはひじょうに困ることです。
「大きいね」「重いね」といわれることが、
育児をしている母親にとって、
とても賞賛の言葉であることのように思ってはいけません。

体重が重くなるためにどういう方法が使われたか。

ミルクなどを使って栄養過多になったために太り過ぎたということも、けっしてまれではないはずです。人工栄養乳児の太り過ぎは、増加した脂肪細胞のため、将来とも脂肪太りになることが心配されてきつつあります。

体重だけを育児の良否の目安にした時代がずいぶん長い間ありましたが、もうこの時代は過ぎ去ったといわなければなりません。母乳だと、人工栄養よりは体重増加は最初は少ないですが、母親が正しい栄養をとっており、子どもが正常であれば、将来の赤ちゃんの身体発育にとってなんのマイナスにもならないといえます。

（注釈）＊母乳栄養

乳児は成長と発達のきわめて活発な時期にあります。体重の増加とともに必要なエネルギー量も増加し、単位体重当たりのエネルギーの必要量は乳児期が最大であって、以後、年齢とともにそれは減少していきます。この時期の赤ちゃんには体の成長という量的な増加だけではなく、機能の発達という質的な面からの必要もあって、したがって、この時期には必要なすべての栄養素をバランスよくあたえる必要があります。

赤ちゃんはこのようにエネルギーを必要としているのに、その消化吸収機能はまだ十分に発達していません。母乳はこの状態に適した特殊な食品なのであって、母乳が乳児の生存にとってたいせつなものである理由はここにあります。

（小林）

母乳の汚染

母乳の中に、
たとえば、ＰＣＢ、ＢＨＣ、ＤＤＴ、カドミウムその他いろいろありますが、
これは牛乳にもあり、すべてのものにあります。
ただし、ＰＣＢは母乳にしかありません。
なぜならウシは魚を食べませんから。

ＰＣＢが母乳の中に出るということは、
母親自身がＰＣＢに汚染されているということをよく考えて、
食生活に気をつけ、母親自身が将来とも健康であるように気をつけること。
これがひじょうに大事なことではないでしょうか。

いろんな食物のＰＣＢの基準は甘いのですが、
母乳の場合はひじょうに厳しくなっています。
母乳の場合のＰＣＢの許容範囲というのは、
百ccの母乳に〇・〇三ｐｐｍとごく微量です。

母乳のPCB汚染がほんの少しあったにしても、
それが乳児にどれだけの影響を与えるか。
しかも、その初乳をあげないために起こる乳児の将来のマイナスとくらべて、
どちらがメリットが残りやすいか。
ここのところは、あわてないで、
よく慎重に考えて小児科の先生にご相談ください。

母乳汚染としては、化学物質による汚染のほか、
前述のB型肝炎や、またその他のウイルス汚染もあり、
同様母乳から新生児に伝わることもありましょう。
この場合も、即刻断乳すべきか、
それともひじょうに大きな利点*を超えて、明らかに不利のほうが大きいのか、
慎重に考えて小児科医の先生にご相談ください。

(注釈) *ひじょうに大きな利点
公益社団法人 日本WHO協会から母乳育児に関する報告書が発表されました。それによりますとWHO "World Health Organization" (世界保健機関　本部ジュネーブ) では、生後六か月までは

水やそれ以外のものを与えずに母乳のみの完全母乳育児を、その後も二歳まで適切な食事を補いながらも母乳を続けることを推奨しています。母乳育児率を高めることは、子どもの下痢性疾患や呼吸器感染症を減らすだけでなく、その後の成長の中でも知能レベル向上や肥満防止、糖尿病減少につながり、また母親の乳がんや卵巣がんのリスク低減にもつながると発表しました。

（小林）

母乳はいつまで

母乳というものは、人間の乳児にとってかけがえのないものであることは、いうまでもありません。
しかし、この乳児にとってかけがえのない栄養品であっても、それは期限つきだということを忘れてはいけません。

いちばん大事なのは初め。
初めほど大事で、せいぜい六か月までが最上です。
もしも条件がすべて許されるならば、
つまり母乳分泌がよく、母親も健康で、仕事もなく、育児一本でやるというような場合を考えるならば、
五か月までは何も加えずに、純粋に母乳一本やり。
そして五か月すぎから離乳食*を始める。
こういうやり方がいちばん願わしいわけです。

（注釈）＊離乳食

離乳は、母乳・ミルクの液体食品から、半流動食、そして固形食に移行することです。消化機能の発達、体重の増加、味覚の発達、咀《そ》しゃく運動の発達などに関係することは、言をまちません。生後五か月頃、体重が出生時の倍にもなれば、母乳・ミルクのみでは栄養を補給できなくなります。離乳には第一にこの栄養学的な意義があります。同時に、味覚文化、咀しゃく・舌ざわりなどによる食べる楽しみを教えることも、人間として重要です。食事をみずからとる行動を学習することも重要です。したがって、受身に食事をあたえるのみでなく、トライ・アンド・エラーで楽しみながら、学ばせる必要があります。

（小林）

母乳をあげられないお母さんへ

さて、お母さんと子どもがお互いに我慢し、努力していれば、かならず母乳は出るようになる、と述べてきましたが、中には体質的に、どうしても母乳が出ないお母さんや、仕事などのために母乳を飲ませることができないお母さんもいます。

母乳のよさを知れば知るほど、お母さんは赤ちゃんに母乳を飲ませられない悩みが、かえって深くなることと思います。
*人工栄養を飲ませながら、代用品を与えているという申し訳なさが心のどこかにひっかかっていて、抱っこするときなども「お乳の出ない母親でごめんなさい」と、赤ちゃんにあやまる気持ちが、無意識のうちにはたらく場合もあるでしょう。そうなれば、赤ちゃんのあつかいも不自然で自信のないものになりがちです。かわいがり方もしつけ方も及び腰になってしまうでしょう。

母乳を与えられないから、母親の資格がないなどと思うのは、とんでもないことです。
母乳が出ないとき、
また仕事を持っていて与えられないとき人工栄養を使うのは、
少しもやましいことではありません。
これが赤ちゃんに対してできる精いっぱいの方法で、
最善の道だと強い信念と自信を持ってください。

　お母さんの気持ちは、すぐ赤ちゃんに伝わります。
母親が自信のない接し方をすると、赤ちゃんの情緒はひじょうに不安定になり、
幼児期にまで影響していきます。
責任感の強いお母さんほど罪悪感を覚えやすいものですから、
育児に対してさらに強い自信を持って、
しかも自然な態度でかわいがるようにしてもらいたいものです。
母親が、ありのままの生活環境を勇気を持って受け入れ、
そのなかで最善の育児を組み立ててよくよく努力するなら、
育児にも自信を持てるはずです。
それはかならず好ましい母子関係をつくり出していきます。

（注釈）＊人工栄養

昔から母乳で育てられた子どもは病気につよいといわれてきましたが、確かに人工栄養で育てられた子どもは、下痢や呼吸器の感染症にかかりやすく、衛生状態のよくない発展途上国などではしばしば命とりになることがあります。これは、母乳によって母親から免疫グロブリン（抗体）をもらうことができなかったためともいえます。しかし、人工栄養児が感染症にかかりやすいということには、生活環境、すなわち清潔な上水道や下水道、ミルクの腐敗を防ぐ冷蔵庫の有無なども関係することを忘れてはなりません。

（小林）

第三章

人工栄養

人工栄養におけるいろいろな問題点

人工栄養と母乳栄養の問題は、世界中で考えなければいけない緊急な問題なのです。赤ちゃんは毎日いっぱい生まれてくるわけですから、もう一日たりともゆるがせにはできないのです。

生まれてすぐ人工栄養を与えることは、乳児期に食物アレルギー現象を起こすことになり、結局これは一生つながっていく可能性が多いものです。

緊張はするけれども、すぐくたびれてぐたっとなってしまうという子どもが、私たちの目の前にひじょうに多いのです。これはやはり食物と関係があるようです。スタートから人工栄養だった場合で、その子どもが大きくなって牛乳を常用した場合に、こういうことが多いように思います。

〈湿疹《しっしん》〉についていいますと人工栄養のほうがはるかに多いし、
強くなります。
そういうものができていると睡眠が浅くなる。
それだけでも、
自律神経の中枢の問題からいっても、
睡眠が浅いということはいろんな点で神経質になるもとではないでしょうか。

人工栄養児はだいたい、神経が緊張しがちで疲れやすい。
そういう子どもを見ますと、
ひじょうに利口な、なんでもじょうずにできる子どもであるかのような錯覚を、
周囲の人に与えるわけです。
お母さんは、
子どものほうにまだ準備のととのっていない機能を発揮することを期待する、
というような、チグハグなところが現れてくるのではないでしょうか。
そうすると今度は疲れて、緊張のあとはぐたっとなってしまい、
その間は何も遊びをしたくない、何も覚えたくない、
何も行動したくないという時期がかならずくるわけなのです。

疲れやすいものですから持久力や集中力というものが期待できなくなります。
また、人工栄養児の場合は、
生まれたての赤ちゃんはひじょうに電解質が多くなっていく、
というような状態になります。
この状態があると、
どうかすると熱帯夜でなくても〈夏季熱〉状態になることがあります。
これは冷たい水でも飲ませると一時的には下がりますが、
また翌日起こってくるということになります。
こういうことから
「人工栄養児には水を」ということが一応叫ばれるわけですが、
水だけやっても腎臓の疲れは残ります。
やはりこういう場合も、母乳のような適当な電解質の濃度、
たんぱくでも、いろいろと神経を刺激しないようなたんぱくが
プラスになるのではなかろうかと思います。
私が前に試みたことですが、
たまたま神経を落ち着ける薬として発売され始めたクロルプロマジンを、

〈夏季熱〉のひじょうに高いのが続いている人にほんのわずか注射してみましたところ、一日、二日で〈夏季熱〉が下がってしまった、ということをたくさん経験しました。このことは、そういう、血液の電解質が高くても、神経が落ち着いていれば、〈夏季熱〉はむしろ高くならないんだということを、意味しているのではないでしょうか。

このようなことから考えても、自律神経の不安定ということが、人工栄養児にはどうしても起こりやすい、ということをよく心得て育児をしないといけないのです。

自分たちが楽な育児の道具や方法を考えることは結構ですけれども、同時にそれは、将来おとなになる者のためをいちばん考えなければならないわけです。成熟児であれば、最初の数日間は、何もやらなくても赤ちゃんは死なないのですから、思いきって足りない母乳で、少なくとも生後二週間はがんばることの重要さを述べておきます。

母乳で最初の二週間はがんばる

赤ちゃんが生まれてすぐ、たった一回だけ人工栄養を与えたとします。たった一回だけのことと思いますが、それがいけないのです。

〈川崎病〉でよく知られている川崎富作《かわさきとみさく》博士にやってもらった研究ですが、生後二日目か、または三日目に、初乳を与える前に、全乳三十ccを一回だけ与えた例があるのですが、初乳の前にたった一回やって、あとは母乳だけでやっていても、三〜四か月目に調べるとちゃんと血液の中に抗体ができているのです。

これはひじょうに大事なことなのですが、同じ一回でも最初に母乳をやってその後の回に人工栄養一回というのとでは全く事情が違ってきます。

極端なことをいえば、母乳で最初の二週間をがんばれば、あとはたとえ混合栄養になってもういいのです。これをよく徹底させたいと思います。

私自身、人工栄養で、そのため乳児期から下痢で生死の間をさまよって以来、引き続いてどれだけ苦労しているかということは、経験した人でないとわかっていただけないと思います。

母乳から人工栄養へ移るとき

母乳のよさは、いくら強調してもしすぎることはないと私は思っていますが、すべてのお母さんが母乳で育てられるとはかぎりません。
仕事を持っているお母さんや、
母乳の十分に出ないお母さんもけっして少なくないはずです。

ただ母乳から人工栄養に移る場合は、自分だけの判断でなく、医師や保健師や助産師などにかならず相談してほしいのです。
というのは、自分では母乳が不足していると思い込んでいても、実際には足りていることもあるので、
専門家の立場から、ほんとうに母乳が出ないのか、
あるいはもう少し努力すれば母乳でも育てられるかどうかを、
よく診断してもらうためです。

人工栄養は、母乳を与えたのちに、
どうしても必要だと判断されてから使うようにしていただきたいと思います。

人工栄養で育てることになったら、
半年ぐらいは薄めのミルクを与えてください。
最近の粉乳は、母乳の組成に近づけて調整されていますが、
母乳にくらべてまだまだたんぱく質や脂肪やミネラルの組成が違います。
そのために、赤ちゃんの腎臓《じんぞう》や肝臓の負担となることもありますし、
食物アレルギーの原因となることもあります。
薄めにするのは、
人工栄養による赤ちゃんの肝臓や腎臓の負担を軽くするためです。

以前、愛育病院の保育室では粉ミルクを二百ccのお湯に溶かすところを
二百五十ccに溶いて欲しがるだけ飲ませてみました。
湿疹も軽く、そのうえ発育もよかったことを経験しました。

人工栄養で缶の指示通りに溶いて飲ませている場合、
水分をさらに補ってください。
日光浴や外出、おふろのあとなどに湯冷ましなどを与えてください。
この時は飲めるだけ与えてかまいません。

ひどい便秘のときは果汁を与えるとよいともいわれますが、
赤ちゃんが生後三か月をすぎているなら、
果実をすりおろして与えてもよいし、
そのしぼり汁を飲ませるのもよいでしょう。

ところで、母乳のよさを知っているお母さんや、
責任感の強いお母さんほど、
赤ちゃんを母乳で育てられない場合に、
自分は母親失格ではないかと悩みがちです。

人工栄養で育てるお母さんは、必要以上にほ乳びんの消毒をしたりして、
やや神経質になるきらいがあるようです。
人工栄養へのひけめを感じていると、
つい細かいことが気になってしまうのでしょうが、
こういうお母さんの神経質さが、
赤ちゃんの情緒不安定の原因となる場合もあります。

母乳を与えられないからといって、
うしろめたく思うのはたいへんな誤解だといってもいいでしょう。
人工栄養で育てるのはけっしてやましいことではありません。
現在の自分にできる最善の道なのだ、と強い信念を持ってほしいのです。
それぞれに与えられた条件を勇気を持って受け入れ、
そこから最善の道を選ぶことがお母さんのつとめであり、
それをしているのであれば、
他の人がなんと言おうと自信を持って育児にあたることもできるでしょう。

よけいな神経を使って、赤ちゃんも自分もイライラするより、
大らかなゆったりした愛情で赤ちゃんを見守ってください。
将来落ち着いた集中力のある子どもに育てるには、
お母さんの笑顔がなによりであることを心にきざんでほしいと思います。

混合栄養へスムーズに移るために

初乳を与える前に人工栄養を与えられ、
しかもお母さん自身が何かしら神経過敏であったり、
なんでもないことがふっと不安になってみたり、
あるいはひじょうに悲しくなって心が落ち着かなかったり、
腹が立ちやすかったり、夜よく眠れなかったりするような場合、
えてして乳児も神経過敏になり、
母乳不足になって混合栄養にする場合にミルクになじみにくくなります。

もしもいろいろな都合でそろそろ混合栄養を始めようとするときに、
ミルクを飲むことをひじょうにいやがったら、
あわてて無理に飲ませようとしないで、
しばらくの間はまた母乳だけ与えるつもりでいて、
その間にミルクをうんと薄く溶いて与えるか、
あるいは缶に書いてあるように溶いて、
それをほんの少量、母乳の前に茶さじ一ぱいか二はいを口の中に流しこんで、

すかさず母乳を飲ませる。
そういうことでじわじわと慣らして、
人工栄養にスムーズにはいっていくというのも一つの方法です。

そのスムーズに混合栄養にする時期を失ったならば、
最初慣れるまで、ミルクの濃度を少し薄めてあげてください。
たとえば一ぱいの粉ミルクを二十ccのお湯で溶くようになっている場合は二十五ccに溶く。
八はいが百六十ccということであれば、八はいを二百ccに溶く。
それを赤ちゃんが飲むにまかせて飲ませてくだされば結構です。

混合栄養を嫌うのは、乳首の感覚が違うことも一つの原因でしょうし、
今までの母乳の味と違うことも一つの原因といえましょう。
しかしもっと大きな原因は、施設などで初乳の前にミルクを与えることです。
そうすると、二、三か月まで母乳が続けられたとした場合、
混合栄養を始めようとするときスムーズにいかないことがあります。

同じように母乳でずっとやってきていても、

全然抵抗がなく、スムーズに混合栄養に移れるのは、母乳の前に人工栄養をやらなかったという場合なのです。

人工栄養と牛乳アレルギー

両親にアレルギーのある場合は、子どもの約七十パーセント、どちらかの親がアレルギーのときは子どもの五十パーセントが、アレルギーの素質を持つといわれています。

牛乳たんぱくに対してのアレルギーは、純粋の母乳栄養の場合には、ゼロ歳のときには、ほとんどありません。離乳期をすぎるころからは、鶏肉《とりにく》とか青魚《あおざかな》、その他のたんぱくに対してアレルギーを示すものがだんだん多くなってきます。多くの例で調べたら、真の母乳栄養児であっても、二歳ごろからそろそろアレルギーのようになる子はいますが、母乳であれば、とにかくゼロ歳、一歳代には牛乳アレルギーというものは起こらない。しかし新生児期からの人工栄養ではゼロ歳でも起こっています。

このアレルギーというものを、乳児期のゼロ歳のときに早く発症させるか、大人になって発症させるかは、人間の一生にとって大きな違いが出てきます。
ゼロ歳のときからアレルギーが発症することはひじょうにマイナスです。

　ゼロ歳のときにアレルギー症状を出さないために、
ここに引用したい文献があります。
それはヘンリー・シルバーという
アメリカ・デンバーのコロラド大学の小児科教授が書いている
『小児科のハンドブック』という本の中の
「アレルギーの早期予防」というところですが、

「もしも家族のだれかに（両親、ことに母親、おじいちゃん、
おばあちゃん、きょうだいなどに）アレルギーがあるときには、
生まれた子どもは、母乳栄養がしっかりとできあがる前に牛の乳を
（ミルクの形であろうと、生の牛乳の形であろうと）やるなかれ、
これがいちばん大切なことである」と書かれています。

　このコロラド大学というのは
アレルギーの本山といってもいいくらいの大学なのです。

わが国の石坂公成《いしざかきみしげ》博士が世界に先がけて、
しっかりした物の裏づけをつかみ出し、
たとえば〈じんましん〉が起こりやすい人の血液の中には、
IgAというものがひじょうに増えているということを証明したわけですが、
この石坂さんが勉強したのがコロラド大学です。
このアレルギーの本山であるコロラド大学教授がこういうことをいっている、
ということは、気をつけて味わわなければならないことではないでしょうか。

また、牛乳のたんぱくの中には
①ラクトアルブミンとか、
②カゼインとか、
③ベーターラクトグロブリンとか
いろいろなたんぱくがありますが、
このうちいちばんアレルギーを起こしやすいのは、
ベーターラクトグロブリンというたんぱくであろうといわれています。
このベーターラクトグロブリンを牛乳過敏の人に与えると
ショック状態になります。
これは岡山の国立病院の山内《やまのうち》博士などがしきりに注意しておられることで、

ベータラクトグロブリンが牛乳たんぱくアレルギーの元凶である、というようなことまでは、だんだんとわかってきたわけです。

今ここに牛乳アレルギー児がいるとします。各種類の牛乳たんぱくの中で、合わない場合でもどれがいちばん罪が軽いかといえば、チーズなどのいわゆるカゼイン類です。新生児にいちばん罪が重いのはベータラクトグロブリンを含む全乳を飲んだ場合である、というようなことまではっきりしてきたわけです。

*

しかしながら人工栄養が必要な赤ちゃんもいます。「うちの子は人工栄養だったからだめか」ということはありません。ただ母乳栄養児にくらべて親子ともにひじょうに努力がいります。ことに子ども自身にとっては何倍かの努力をしていかないと、母乳栄養には追いつかないということになるでしょうし、子どものときに、牛乳に合うような体につくり直しておきましょう。このことは食物アレルギーのよくわかった小児科医に相談するにかぎります。

簡単に、命さえあれば、
体重が楽に増してゆけばよいというものではありません。
これはひとつよく考えていただきたいことです。
そして人生のスタートにおいて母乳の前にミルクをやるということが、
いかに大きなよくない影響を将来にもたらすかということも、
よく考えていただきたいと思います。

（注釈）＊人工栄養が必要な赤ちゃん

医学的に人工栄養が必要となるのは、赤ちゃんが母乳栄養をとれない場合です。すなわち母親、または赤ちゃんの側になにかの原因があって、母乳栄養が不可能となる場合を「母乳哺育《ほいく》障害」といいます。また、母乳があたえられるにもかかわらず、医学的な理由で母乳哺育をしてはならないとき、これを「母乳哺育禁忌」といいます。しかし、医学的な適応なしに人工栄養があたえられる場合がけっして少なくないことは残念です。

母乳哺育障害には、母親のほうに原因がある場合と赤ちゃんに原因がある場合とがあります。母親の原因としてまずあげられるのは、母親の乳頭に先天的な問題があるとか、乳頭に裂傷があったりする場合です。お乳は乳頭からしか出ないので、とうぜん赤ちゃんは母乳を吸えなくなります。また乳腺炎《にゅうせんえん》などをおこすと健全な母乳があたえられないので、これも母乳哺育障害の原因となります。

しかし、これらは適当な手当てによってなおる場合がほとんどです。いうまでもなく乳頭に問題があるときは、赤ちゃんが生まれる前に処置をしておかなければならないのです。

さて、母親にこのような問題がなく、身体的にたいへん健康であっても、心理的な原因などで、どんなに努力してみても母乳が十分に出ない場合があります。

また、個人的なことではなく、社会的な理由で母乳哺育障害がおこることがあります。母親が職業をもっていて数時間おきに母乳をあたえることができない、などという場合は、子育てを応援する社会の体制をもっと整えることがたいせつです。

以上は母親のほうの原因でしたが、赤ちゃんの側の原因で母乳哺育障害がおこることもあります。たとえば赤ちゃんのお乳を吸う力がよわいとき（哺乳力微弱）があります。これは神経的な障害などによりますが、辛抱づよく努力することによって改善する場合が少なくありません。母乳を吸う力を養うという努力はたんに栄養上の利点があるばかりでなく、治療上の利点もありうるので、続けることがたいせつです。そのほかに、赤ちゃんの側の原因としては、口腔《こうこう》や口唇、鼻腔に先天的な問題があるとき、また病気などがあると母乳哺育ができません。

きわめて少ないケースとして、赤ちゃんのなかには母乳に耐えられず、難治性の下痢とか嘔吐《おうと》をきたすという場合が報告されています。これも赤ちゃんの側の原因による母乳哺育障害のひとつです。またつよく空気を嚥下《えんか》する（エロファギー）赤ちゃんの場合も、母乳哺育がむずかしいでしょう。しかし、抱き方を工夫して胃の空気を出させればよい場合もあります。

以上、母乳哺育に障害がおこる場合をみてきましたが、母乳分泌が可能であるにもかかわらず、医学的な理由で母乳哺育をしてはならない場合があります。これは「母乳哺育禁忌」とよばれます。「禁忌」はタブーという意味です。

たとえば、母親が赤ちゃんに伝染する可能性のある疾患、たとえば開放性および活動性結核、急性または慢性の伝染病、化膿《かのう》性乳腺炎をおこしているとか、特殊な薬剤をとらなければならない母親で、その薬が母乳に出て赤ちゃんに障害をおこす場合には、母乳をあたえることはタブーとなります。また逆に、母乳哺育によって母親の健康が害されるとき、たとえば心不全、腎不全、重症腎炎、糖尿病、悪性腫瘍《しゅよう》、そして精神的な疾患などをもつ母親は、赤ちゃんに母乳をあたえるわけにはいきません。ただし、このような病気があっても妊娠や分娩《ぶんべん》という精神的または肉体的な負担に耐えられる程度の症状ならば、母乳哺育禁忌にはならない場合が多いのです。とくに心不全、腎不全、また糖尿病などは急性に再燃したり悪化したりしないかぎり、母乳哺育は続行してもかまわないと考えられています。

そのほかに、母親に黄疸《おうだん》が出ているとか、また母親が飲んでいる薬や嗜好品《しこう》（酒、たばこなど）に問題がある場合も母乳哺育が禁忌となりえます。

母親がB型肝炎や成人白血病、AIDSなどのウイルスに感染している場合もウイルスが赤ちゃんにうつる可能性があるので、母乳哺育は禁忌です。しかし予防の手立てや母乳栄養から人工栄養への変更については、医師の専門的判断にまかせるのがよいでしょう。それぞれの症例によってじっくりと検討することが重要だからです。

（小林）

第四章
赤ちゃんの心の発達と体の成長

生まれたばかりの赤ちゃんでも、目が見える

ひと昔前まで、
生まれたばかりの赤ちゃんは何も見えず、自分では何もできない、まったく無能力な存在と考えられていました。
育児書にもそう書いてあり、この無能力ということを前提に、育児が考えられていたようなところもあります。

しかし、赤ちゃんは無能力どころか、
生まれたときからさまざまなすばらしい能力を持っていることが、最近の研究によって明らかにされています。
その一つに、赤ちゃんの〝見る能力〟をあげることができます。

もちろん〝見る〟といっても、
私たち大人が見るのと同じように、
赤ちゃんにも見えているというわけではありません。

それはもっと先の話ですが、
生まれた直後の赤ちゃんでもちゃんと目が見えるのです。
それが証拠に、
赤ちゃんは生後わずか九分で視線を合わせることができるといわれています。

育児の原理は〝まなかい〟に

私はつねづね、「育児の原理は〝まなかい〟*にある」と考えています。
〝まなかい〟とは、本来は「目のまえ」という意味ですが、
私は「目と目が合うこと」というような意味で使っています。
つまり、育児の原理は、赤ちゃんの目を見ることにあるというわけです。

生まれた直後の赤ちゃんでも、
やさしい気持ちで見つめてくれる人には視線を合わせるのです。
赤ちゃんの心にお母さんの愛を伝えてくれるのが、
この〝まなかい育児〟なのです。

以前、新生児担当の女性のお医者さんと回診をしていたとき、
その女性から「ああ、くやしい」と言われたことがあります。
どうしたのかとその理由をたずねると、
「内藤先生が診察なさると、どの赤ちゃんも、
みんなおとなしくなるんですもの」と言うのです。

自慢するわけではありませんが、私は「泣く子も黙る内藤」といわれています。

べつにタネもシカケもありません。

私は、いつも無心で赤ちゃんを抱いたり、目で話しかけるように努めているだけです。

これが「うるさいから、泣きやませよう」とか、「なついてくれるかな」とか、ちょっとでも考えると、やはり邪心がはいるのでしょう、赤ちゃんは素直に受けつけてくれません。

やはり大切なのは、こちらの気持ちと、それを伝えるまなざしだと思います。

まだ言葉がよくわからない赤ちゃんでも、目と目で対話ができるわけですが、この、目による〝心の対話〟は、赤ちゃんの健康な心身を育てるために、たいへん重要なことなのです。

やさしい気持ちで赤ちゃんを抱き、赤ちゃんを見つめてあげればいいのです。「まなかい抱っこ」で愛情が伝わり、赤ちゃんの心は安定するのです。

こうした目で伝える愛情は、
いくら赤ちゃんにふり注いでも、与えすぎになることはありません。

（注釈）＊まなかい
生まれたての赤ちゃんは動くもの、とくに人間の顔、とりわけ目につよい関心を示します。母親が赤ちゃんの目をじっと見つめると、赤ちゃんも母親の目を見つめ返します。これが心と心のふれあいをひきおこし、母子結合が強化されます。
人間の生まれたばかりの赤ちゃんは近視ですが、網膜の発達は成人なみであることがわかっています。したがって、二十～三十㎝の近距離であれば、赤ちゃんは対象を視覚でとらえることができると考えられています。赤ちゃんが視覚から得る情報は、触覚や聴覚などによって得られる情報より量的、質的にゆたかです。赤ちゃんは、母親の顔から、やさしさを感じとる力をもっているのです。
（小林）

視覚を通じて、心だけでなく脳も発達する

目は、心が成長するためにだけ大切なのではありません。

じつは、赤ちゃんの脳の発達にとっても、目からの刺激はひじょうに重要なのです。

赤ちゃんにとって、視覚は脳の発育のためのスタート台といえるでしょう。


ですから、私が回診のとき、赤ちゃんが目をぱっちり開けていると、かならず抱き上げて、目をじっと見るのも、一つにはこうした理由もあるのです。

赤ちゃんによって、それぞれ焦点距離がちがいますから、私の目を離したり近づけたりするのですが、赤ちゃんの目は微妙に動きながらも、私と目を合わせます。

つまりこのときから、赤ちゃんの脳の発育はスタートしているのです。

さきに〝まなかい〟は、お母さんの愛を伝える大切な手段だといいましたが、

教育の第一歩でもあるわけです。

私の経験によると、目は赤ちゃんの成長を予見するバロメーターでもあります。私が抱き上げたとき、私の目を見てくれる赤ちゃんは、例外なく丈夫に成長しています。

生後二か月、三か月になると、赤ちゃんが相手の目を見る時間もだんだん長くなります。これも私の経験によれば、相手の目を見つめる時間が長ければ長いほど、健康な赤ちゃんといえるようです。

生まれた直後の赤ちゃんにも人格がある

スウェーデンのトーマス・ベリイマンという人の『誕生の詩《うた》』という写真集があるそうです。
これは二百五十人の赤ちゃんの表情を、
誕生の瞬間から三時間、秒きざみで撮影したものですが、
その序文でベリイマンさんは
「赤ちゃんは生まれた瞬間から、ひとりの独立した人格です」といって、
次のような体験談を語っているということです。

「最初は、赤ちゃんにまったく話しかけもせず、
一方的に写真を撮っていたのですが、失敗でした。
みんな目をつぶってしまっているのです。
それで赤ちゃんの一人ひとりに、話しかけることにしました。
すると赤ちゃんとのふれあいができて、
赤ちゃんの表情をとおして、表現するものがわかるようになりました。

生まれたばかりの赤ちゃんでも、一人の人間として、尊重されなければならないと、このときつくづく感じました」

また、女優のMさんは、赤ちゃんを授かったとき、精神科のお医者さんのお父上の「赤ちゃんといえども、人格的存在である」という言葉を思い出し、生まれたときから、そのような気持ちで赤ちゃんに接するようにしたそうです。

つまり、何もわかっていないと思われる生まれた直後から、すでに人格を持った存在として、赤ちゃんを扱わなければならない、というわけです。

そのMさんが気づいたのが、赤ちゃんのアンテナのなんと鋭いことか、ということでした。

Mさんがおだやかな気持ちでいると、赤ちゃんも安らかになり、また、とくに原因がないのに赤ちゃんがむずかるときは、Mさん自身が疲れているときだったというのです。

Mさんが、こうした赤ちゃんの心をじつに的確につかむことができたのは、
やはり「赤ちゃんも一人の人格なのだ」という気持ちで接したからでしょう。
赤ちゃんはまだ人間として半人前とタカをくっていたら、
その心がわかるはずもないのです。

　厚生省が中心になり、
全国約三十の研究所の研究者を動員してまとめた
「*母子相互作用の研究」によると、
生まれてまもない赤ちゃんには、お母さんの声がわかるらしいのです。
お母さんの声には、ほかの人の声とはあきらかにちがう反応を示す、
というデータが出されています。

　また、赤ちゃんは、親が怖がるものをのちのちまでも怖がりますし、
親が好きなものを好みます。
情緒的な問題、好き嫌いは非常に親に似てきます。
親の気持ちも赤ちゃんにはかならず伝わります。
人見知りする赤ちゃんを、お母さんが不安になったり緊張したりして抱けば、
すばやく察して泣き出してしまいます。

逆にいえば、

エイッ何も怖いものなんかない、くるならきてみろ、

ぐらいの気持ちを持って抱けばだいじょうぶです。

赤ん坊だからわかりはしない、という考え方は、

赤ちゃんにとってたいへん迷惑なのです。

生まれたばかりの赤ちゃんの人格を尊重するなどというと、「そんなバカな」と思う人がいるかもしれませんが、赤ちゃんだって、心を持った人間なのです。

こちらが、赤ちゃんの人格を尊重しなければ、

赤ちゃんも心を開いてくれないのです。

（注釈）＊母子相互作用②

厚生省の「母子相互作用」研究班の初代班長は私が務めました。したがって研究メンバーも私が班長として班を組織し、内藤先生にも、顧問として入って頂きました。小児科医ばかりでなく心理学者、保育学者などのいろいろな専門家が参加した学際的な育児の研究班でした。その班の発表会で、生まれたばかりの赤ちゃんを調べてみると、自分のお母さんの声に対する反応が、他の女性の声に対する反応とは異なることが示され、胎児期に体に伝わって聞いたお母さんの声の成分を記憶しているからと考えられたのです。胎児期のお母さんの語りかけは大切です。

生まれたばかりの赤ちゃんの五感はすべて発達していることが確かめられています。生まれたときの赤ちゃんの頭は冴《さ》えていて覚醒《かくせい》状態にあり、落ち着くと周囲をゆっくりと見回します。その赤ちゃんを母親がうれしそうにみます。このようにしてはじまる母から子、子から母に対する相互作用は、「授乳する」「吸啜《きゅうせつ》する」「抱っこする」「喜ぶ」「目を合わす」「目を見つめる」「語りかける」「聴く」「スキンシップする」「タッチングする」「笑う」「まねる」「嗅《か》ぐ」「嗅ぎ分ける」などの相互作用の行動をとおしておこります。母子相互作用は、母親と言葉のわからない赤ちゃんの感覚器のコミュニケーションです。母子相互作用で赤ちゃんの心はすくすく育つのです。

（小林）

赤ちゃんは、いつも〝心の安定〟を求めている

赤ちゃんの心は、いったいどうなっているのでしょうか。
だれも赤ちゃんの心の中をのぞくわけにはいきませんし、
また赤ちゃんも自分が感じていることを言葉で表現できませんから、
推測するよりほかないわけですが、
これだけは確実にいえるということがあります。
それは、たとえ生まれた直後の赤ちゃんでも、
快・不快ということを感じとっていること、
そして、つねに心の安定を求めているということです。

たとえば、おしめがぬれると泣くのは、いうまでもなく不快だからですが、
こうした生理的な快・不快だけでなく、
心理的な快・不快も赤ちゃんは感じとっているのです。
精神的な緊張*によっても赤ちゃんの体温は変化します。

一例をあげれば、
どんなに暖かくした部屋でも、
真っ裸にすると赤ちゃんはワーッと泣き出します。
これは寒くて不快なのではなく、裸にされたことで不安を感じたためでしょう。
このような不安な状態は、もちろん、心理的には不快なものです。

こうしたときは、お母さんが抱いてやるか、
赤ちゃんの手を静かにジワーッと握り、握ったり離したりを繰り返すと、
すぐに赤ちゃんは泣きやみます。
これは赤ちゃんが安心して、心が安定するためでしょう。

〝心の安定〟を求める欲求は、
自分では何もできない赤ちゃんだけに、
むしろ大人より強いといえるかもしれません。
私は、長年、赤ちゃんとつきあってきたさまざまな場面で、
赤ちゃんの心の安定をはかってやることがいかに大切か、
痛感させられています。
ちょっと極論かもしれませんが、

赤ちゃんの心の安定さえ心がければ、育児はほとんどうまくいくのです。

（注釈）＊赤ちゃんの体温変化

生まれてから一歳になるまでの赤ちゃんの体温には次のような特徴があります。

①正常な体温は、一般の大人より高めで、その上限は三七・五度と考えられる。

②入浴をさせると、赤ちゃんの体温は皮膚の表面だけではなく、体のなか（深部体温という）も変動する。

③季節による体温の変動も比較的大きく、元気な赤ちゃんでも夏季と冬季とを比べると正常な体温の分布より〇・三〜〇・四度上がったり下がったりする。

④食事をしたり、泣いたり、遊んだり、運動をしたりすることにより、さらに精神的な緊張によっても、体温は上昇する。

⑤大人の体温は夜眠る前に下がり、めざめる前に上がるが、赤ちゃんではこのような昼と夜の体温周期がはっきりしない。

なお、胎児の場合は、母体の体温が環境温となって、みずから体温の調節はしません。したがって、赤ちゃんが生まれたときの環境温の影響は劇的です。それを反映して、生まれたての赤ちゃんの体温はまず一〜二度低下します。これを初期体温低下といいます。

（小林）

赤ちゃんの心の安定のために

○赤ちゃんは左抱きにしたほうがいい
　なぜかというと、
お母さんの胸の左側に赤ちゃんの頭がくると、
赤ちゃんにお母さんの心臓の音が聞こえて心がやすまるから、
という説があります。
これは、
胎内にいるときから赤ちゃんは、母親の心臓の音を聞いて育っているため、
心臓のある左側に抱いてリズミカルな心音を聞かせると
心が安らぐからだとされています。

　たしかにアメリカのサイエンス誌でも、
赤ちゃんを母親の左胸で寝かせることの効用が発表されていますし、
日本でも、日本医大の室岡一《むろおかはじめ》教授が
赤ちゃんに心音を聞かせるとおとなしくなるという追試をされました。
（ただし通用するのは生後一か月くらいまで）

○赤ちゃんは高い音よりも低い音に落ち着く

赤ちゃんが泣いて困ると、お母さんはどうしてもオロオロした声を出してしまいます。この不安な声は、赤ちゃんを落ち着かせることにとってはたいへんマイナスです。そのため、赤ちゃんの不安定な気持ちもさらに増幅されるからです。

赤ちゃんは胎内にいるあいだ、お母さんの心臓の規則正しい鼓動を聞いています。左抱きの効用でも述べたように、赤ちゃんはこの心臓の音のような低い音にはとても落ち着くのです。赤ちゃんはどんな条件のもとで眠りにつくかという実験でも「低くて長いジーッ」という音がいちばん効果的であることがわかっています。

ただ、落ち着いた声で赤ちゃんに接することが大切であると頭ではわかっていても、気持ちが動揺しているときには、なかなかそうはいきません。そういうときは一呼吸おいて、お母さんの気持ちを落ち着かせてから赤ちゃんに接すればいいでしょう。
声を出せばどうしてもトーンが高くなりそうだなと思うなら、
だまって抱っこをしてやるのもいいでしょう。

○赤ちゃんには「どんぶらこ」のリズムがいい

胎内にいたころの赤ちゃんは、羊水の中に浮かんでいます。
そしてお母さんが歩けば、
ちょうど「桃太郎」に出てくる桃のように、
どんぶらこ、どんぶらこ、とゆっくり動きます。
赤ちゃんにとっては、このゆったりしたリズムがちょうどいいのです。

なかには、赤ちゃんが泣くとすっかりのぼせてしまうお母さんがいて
「よしよし、よしよし」と、早いリズムで揺すりがちです。
しかし、これでは赤ちゃんは安心するどころか、驚いてしまうでしょう。
「どんぶらこ」のリズムで、お母さんと赤ちゃんの目と目の対話をしながら
「まなかい抱っこ」をしてください。

泣き声で、赤ちゃんの気持ちをお母さんに伝えたいのです

よく育児書には、赤ちゃんは眠いときに泣くと書いてあります。

しかし、よく考えてみれば、実際に眠いときはだまって眠ってしまうはずで、ほんとうは眠いけれど眠れない、というときに泣くのです。

ですから、そんなときは、無理やり寝かしつけようとするより、まず、眠りを妨げている条件をとり除いてやることが必要になってきます。

第一に、部屋が明るすぎないか、
第二に、周囲がうるさくないかです。

また、部屋の温度が高すぎて暑くはないか、逆に寒すぎはしないかという点も大切です。

もちろん、眠たいのに、おしりがぬれていたのでは、赤ちゃんは気持ちが悪くて眠れません。

空腹でも、同じです。

生まれたばかりの赤ちゃんは、あまり涙は出ません。泣き声が赤ちゃんの気持ちを伝える唯一の手段です。泣き声をとおして、さまざまな赤ちゃんの気持ちや欲求をお母さんに伝えようとします。

それでは、赤ちゃんが泣いているとき、何を見て、泣く理由を判断すればよいのでしょうか。泣き声だけでは判断できにくいので、ケースバイケースで、その時の条件、状態を観察しながら判断することが大切なのです。授乳後二時間以上たっているときに赤ちゃんが泣いていれば、おなかがすいたのだろうと気がつくでしょう。唇でオッパイを探しながら泣くときも、おなかがすいているときです。

また、泣く理由の一つに、オッパイを飲んだあと、ゲップがたまっていて泣いている場合もあります。こんなときは、首の後ろを支えて立てて抱いてあげれば、空気が外に出て赤ちゃんは楽になります。このガスは三か月ぐらいまではたいへんにたまりやすいものですから、三か月までの赤ちゃんは、泣いたらすぐ抱いて立ててやることが大切です。それを「抱くと抱き癖がつくから」と、泣く赤ちゃんを心を鬼にして放っておくと、いつまでも泣きやまず、かえって心配が重なります。

子育てのうえで、お母さんの精神的安定はもっとも大切なものですから、赤ちゃんが泣いているから抱いてあげたいと思うときは、自然に抱いてあげることです。このようなお母さんと赤ちゃんの自然のふれあいが、赤ちゃんにとって、何よりも〝心の栄養〟になってくれるのです。

〝あたたかい心〟を育てるには

赤ちゃんの〝心を育てる〟*というと、何かしつけの特別な仕方があってそれを教えること、と考える人がいるかもしれませんが、乳児期にはとくに意図的なしつけは必要ありません。それより、この時期に大事なのは、人間愛を十分にしみこませることです。

そこで気になるのは、欧米の育児法を信奉して実践しているお母さんたちです。欧米の育児法の中には、たしかに合理的で、学ぶべき点も少なくありません。しかし、それゆえにこそ問題があるともいえます。現に欧米では、従来のやり方で赤ちゃんに自立心をうえつけようとする育児法を反省する気運が高まっているのです。

先日、ある週刊誌でちょっと気にかかる記事を読みました。

日本の女性がイギリスの中流家庭に住み込み、あちらの育児方法に感銘を受けたという記事です。赤ちゃんは生後六か月です。

ミルクは一日五回、朝七時から夜十一時まで、きちんと時間を決めて、一分とは狂わせずに飲ませます。その間、赤ちゃんがどんなに泣こうが絶対に与えません。おむつのとり替えは食後三十分。夕方五時半に最後のおむつをとり替えると、六時にベッドに寝かせ、翌朝まで、授乳時以外は声もかけないし手も触れないのです。夜中にどんなに泣き叫ぼうが、ひとりにしておくのです。

といっても、放り出しているわけではないのです。夜泣きをしはじめると、やはり病気ではないのかと心配になって、お母さんは、カギ穴から三十分でも一時間でものぞくのです。そばに駆けよって抱き上げてやりたい母性愛と闘うお母さんの姿に、この女性は感心させられたといいます。

その赤ちゃんは、規則的な生活のせいか、たいへん丈夫に育ちました。おまけに甘やかしていないからお行儀がよく、決められた時間にしか食べる習慣がないので、大人がおやつを食べているのを見ても食べたがりません。

日本の女性は、「かわいがるばかりが愛情ではない。つらいけれど心を鬼にするほうが、本当の母性愛だ」と感銘を受けたというのです。

たしかに情に流されっ放しではいけません。しかし、私にいわせると、この育児方法は隣の芝生的受け取り方である点が困ります。いま、欧米で検討を加えられているのは、まさにこういう育児方法なのです。

いちばん問題なのは、赤ちゃんを一つのカタにはめこんで育ててしまうことです。その源をたどると、子どもはやがて自立する、それならゼロ歳のうちから自立心を養っておけばいい、という考えにいきつきます。

そのために、お母さんも赤ちゃんも、一つの鋳型にはめこまれて、禁欲生活を強いられているような生活を送ってしまいます。


たしかに、そうすれば、赤ちゃんのときから自立心をたたきこまれます。

しかし、そのために赤ちゃんは、本来育つべき何かを犠牲にしているとも考えられるのです。


私は、ゼロ歳や一歳の赤ちゃんのうちは、自立心を育てるため母性愛の発露に待ったをかけるなどということを考える必要はないと思っています。


私は、子どものしつけは、その年齢に応じたものがいちばんよいと考えます。

ゼロ歳のときは、まず何より、赤ちゃんに愛を伝えて人間愛を教えることが大事なのです。

赤ちゃんが泣いていたら、お母さんは赤ちゃんを放ってはおけないでしょう。

そうした気持ちを無理に抑えつける必要はありません。

抱かないまでも、

お母さんがそばへ行って、赤ちゃんをやさしくじっと見てあげる。
それが思いやりのある〝あたたかい心〟を育てる第一歩になります。

自然にまかせて、
思うままに愛情を与えることのできる母親に育てられた子どもは、
かならずや、人を愛することを知り、
大らかな心を持ってすくすくと成長していくはずです。

（注釈）＊心を育てる
心の発達にとっては、歩き始めるまではお母さんに抱っこされ、五感を介した「感性の情報」によってプログラムをはたらかせ、人生は平和で、人はみな自分のことを愛してくれていると信ずる「基本的信頼」の「心のプログラム」が完成することが、第一歩です。このプログラムなしに、四、五歳頃発達する他者の悩みや苦しみを理解出来る「共感の心のプログラム」は機能しないと思います。

（小林）

お母さんの笑顔が赤ちゃんの心を育てる

幼児教育のテーマのひとつに、環境の整備ということがあげられます。

たとえば、天井や壁や布団に色彩豊かなきれいな絵がかかれているとか、絶えず心地よいバックグラウンドミュージックが流れているなど、赤ちゃんが暮らす環境をととのえることによって、視覚や聴覚の働きを通じて、脳を適度に刺激して、その能力をいち早く伸ばしていこうとするものです。


たしかに、環境はいいにこしたことはありません。

でも、そういったよい環境を与えてやることが、赤ちゃんの心の発達を促進させる絶対条件かといえば、けっしてそうとはいいきれないでしょう。

色彩も絵柄も、赤ちゃん用に専門家が十分に考えた部屋に寝かされている赤ちゃんでも、抱いてほしいときも抱っこしてもらえなかったり、いつも一人ぼっちに放っておかれたのでは、結果は目に見えています。

かといって、いつも抱きずくめでないと泣いて困るというのも問題です。

何もかもととのいすぎていては、これまた困ります。

〝家貧しくして孝子出《い》づ〟ということわざもあります。

赤ちゃんの環境をあまりにもりっぱな部屋、育児家具で満たしてやるより、お母さんが、落ち着いて笑顔で接することのほうが大切なのです。

赤ちゃんの気持ちは

「おなかの中にいるときから
モーツァルトのある曲を聞かせていた生後二、三か月の赤ちゃんに、
モーツァルトのその曲を聞かせたらひじょうに喜ぶ」
ということがいわれています。
いわゆる胎教の成果というわけです。
胎児も音が聞こえるといわれていますから、
モーツァルトのような美しい音楽を聞かせるのはいいことだと思います。
ことにその時の妊婦の楽しい気持ちは、
きっと赤ちゃんに通う血の流れにもいい結果を示しているでしょう。

生後、赤ちゃんがそれを聞いて喜んだのは、
胎内での記憶が再現してきたこともあるでしょうが、
一つにはその曲によって
お母さんの顔色が輝いてきたせいもあるのではないかと思うのです。
音楽が始まると、表情がイキイキとしてくることでしょう。

一般に赤ちゃんは、その母親の気持ちや顔色によく反応します。思わずお母さんが、「ああ、この旋律はいいな」と思った時、赤ちゃんも喜んでいるはずです。

ですから、もし、お母さんが音楽が好きでなく、つまらなそうな顔をして聞いていたら、はたして赤ちゃんが喜ぶかどうかは疑問です。

お母さんは、赤ちゃんに接するとき、自分ではいつも同じ表情をしているつもりでいるかもしれません。しかし、いつも同じであることはまずありません。赤ちゃんの前で、思わず知らず顔色を輝かせたり、曇らせたり、イライラした表情をしたりしているのです。赤ちゃんの心には、そういうお母さんの表情というのが、ストレートに反映するのです。

赤ちゃんの笑いには二種類ある

アメリカの学会で「新生児も笑う」という研究が発表されたとき、じつは私も、生まれてすぐ、ことに眠った状態にあるときなど、微笑の顔をすることはたびたび経験していました。
これは何か気持ちよく満足な体の内部を表現していると思っていました。
しかし、その後、よく観察すると、
生まれたばかりの赤ちゃんも、
どうやら笑っているらしいことがわかってきました。

赤ちゃんの笑いには、大別して二通りあります。
一つは自然発生的な笑いで、
だれもそばにいなくても、ときどき笑っているような表情を見せるのです。
また、眠っているときにニィッと笑ったような顔になることがあります。
他の一つは、こうした笑いとはちょっとちがうもので、
お母さんがそばにいて、一生懸命、楽しい雰囲気をつくり、

目と目が合うと、それに反応したように笑う場合です。こんな微笑が見られるのは、多くは一か月半〜二か月くらいのことですが、たまにですけれど、こういう微笑が生後間もなく見られることもあります。ですから、お母さんが「うちの子はもう笑うんですよ」と自慢そうにいうのも、たんなる親バカの思い込みと否定できないような気がします。

もちろん、笑うといっても、この時期はこっけいなことに対して笑うわけではありません。やはり、この笑いは、自分が受け入れられたことに対する、なんともいえない満足感の表明なのでしょうか。笑いに関係する表情筋だけの働きかもしれません。

私の経験では、生まれて間もない赤ちゃんでも、何か雰囲気を感じていることはあるようです。かといって、その証明はまだ不可能なのですが、自分に伝わってくる雰囲気を、肌か何かで感じていることは否定できないように思います。
視覚障がいのある人は、聴覚が人一倍すぐれています。

それによって、視覚障がいのない人には感じとれないものを察知します。
それと同じように、
赤ちゃんには、雰囲気を感じとる特別な能力が備わっているのかもしれません。

赤ちゃんが生後まもなく見せる意味の不明な笑いは、
学問的には睡眠中のレム睡眠*のためといわれています。
お母さんにあやされて笑うのは、二、三か月たってからでしょう。

あやされて笑う、
これはあやす人との間に好意的交流があった証拠で、
これを社会的微笑として、生まれてすぐの微笑と区別しています。
お母さんがあやしたりすると、ちゃんと反応して笑うようになります。
最初は三回のうち一回くらいしか反応を見せませんが、
しだいにその確率が高くなります。
つまり、雰囲気を感じとる能力が、それだけ安定してきた証拠でしょう。

いずれにしても、
赤ちゃんに接するとき、笑ってくれるかどうかは別にして、どんなに小さい赤ちゃんでも雰囲気を感じる能力があることは無視できません。赤ちゃんは、大人の心の中を鋭敏に感じとっているのです。

（注釈）＊レム睡眠

ノンレム睡眠（静睡眠）"Non REM Sleep,Quiet Sleep"のときは、脳の活動が低下し、体温が下がり、脳の休息に役立つとともに、子どもでは成長ホルモンが分泌され、成長を促進します。

ノンレム睡眠の後には、レム睡眠（動睡眠）"REM Sleep,Rapid Eye-Movement Sleep"が続きます。この「レム（REM）」とは"Rapid Eye-Movement"の頭文字をとったもので、この睡眠状態の時は、瞼《まぶた》の下で眼球が急速に動くばかりでなく体を動かすこともあり、その時起こして尋ねてみると夢を見ていたりする事が多いのです。遠い祖先が激しい生存競争を生き延びるため、脳を完全に眠らせないで、襲われたときに対応する必要があったときの眠りの名残と考えられています。

（小林）

三か月健診のときのチェックポイント

やっと赤ちゃんの扱いにも少し慣れて、心も落ち着いたころ、保健所からの通知で三か月健診に出向くと、同じ月齢の赤ちゃんがたくさん集まっていますから、どうしても他の赤ちゃんとくらべてしまいます。

しかし、赤ちゃんはみんなその子なりの発育をしていて、この世に、二人と同じ赤ちゃんはいません。
勝手に優劣を決められては赤ちゃんが迷惑します。
あなたの赤ちゃんなりの成長に、関心を持っていただきたいと思います。

三か月健診は異常の早期発見に重点がおかれています。
ここではお母さんの目で確かめられるチェックポイントをお知らせしておきましょう。

赤ちゃんの目を見つめながら、

ゆっくりゆっくりお母さんの顔を右に動かすと、赤ちゃんの目がついてきますか。

目玉が端に行きつくと、今度は顔を傾けてお母さんの目を追うでしょう。

反対側にも同じことをしてみてください。

お母さんの顔の動きをじっと追ってくれれば、注意の持続時間は申し分ありませんし、目と顔の協応動作もうまくいっている証拠です。

顔が百八十度、左右十分に動いていれば、斜頸《しゃけい》の心配もありません。

＊身長と体重の伸び具合は、母子手帳の発育グラフに書き入れて、生まれた時のそれと線を引いてつないでください。
たとえ測った目方は少なくとも、グラフの線にほぼ平行しているならそれでよいのです。


成長という点からいえば、身長の伸びはたいへん重要と考えてよいでしょう。

身長が順調に伸びているなら、成長ホルモンは正常に分泌されているはずです。

頭囲のチェックも大切です。
頭は小さ過ぎても大き過ぎてもいけません。
その目安は胸囲です。
赤ちゃんの胸囲と頭囲は、三か月ごろから生後一年間ほぼ同じ値です。

異常というと、よく、頭の形を気にしがちですが、
たとえ片方が平らで、他方が凸になっていようとも、ちっともかまいません。
ひとり歩きが始まると、次第に円球状に近く変わります。
万が一に少し形が変でも、脳の働きにはちっとも差がありません。
お母さんのおなかの中にいたときの、
体の向き方が残っているのではないでしょうか。
赤ちゃんにも体の癖があります。
いつも同じ方向を向いていると、頭の形が悪くなると気にする方がありますが、
頭の形は脳の発育によって自然と丸くなっていくものです。
頭の形は正常、異常に関係ありません。
大人の頭で、ゆがんだり、いびつな頭を見たことがありますか。
頭の形を直そうと、砂袋やドーナツまくらを当てるのは、

お母さんの不安を取り去るおまじないで、赤ちゃんには必要のないものです。

生後一年間は、小児科医の定期健診を受けるでしょう。そのときに異常が見つからなければ、少しも心配しなくてよいのです。この世界に二人と同じ赤ちゃんはいないということをもう一度強調しておきましょう。赤ちゃん同士比較して一喜一憂するのはもっとも愚かなことです。小児科医の診断を信頼して、心配な点はなんでも相談することです。

（注釈）＊身長と体重

生後一年間に、赤ちゃんの身長は生まれたときの約一・五倍に成長します。生まれたとき約四十九・六cmであった男の赤ちゃんは一年間に二十四・八cm身長がのびて七十四・四cmになる計算です。その次の一年、つまり赤ちゃんの二年めの身長の増加は約十二cmですので、さきの男の赤ちゃんは満二歳になると身長が八十六cmくらいになります。

体重…赤ちゃんが生まれると何g、などと出生時体重を記録しますが、この新生児のときの体重は身長に比べると個人によるばらつきがずっと大きいのです。したがってお母さんはじぶんの赤ちゃんの体重が重いとか軽いとか、あまり心配しないほうがよいのです。どうして新生児の体重には個人差があるのでしょうか。これは、母親の胎内で胎児の体重が増加するにあたって、遺伝子因子だけではなく、母親の身体的な状態をふくめた子宮内の環境因子も大きく影響するためだと考えられています。

ふつう新生児の体重は生後三日めから五日めごろに、生まれたときの体重の五～六％ほど減少します。これを生理的体重減少といいます。これは、出生直後には母親から飲む乳の量が少ないにもかかわらず、皮膚や肺からの水分蒸散、胎便や尿の排出など、体重を減らす要因が多いためです。ですが、生後七日めごろには新生児は生まれたときの体重にもどって、その後は順調に体重が増加します。満一歳になると、赤ちゃんの体重は生まれたときの約三倍になり、満二歳になると約四倍になります。

（小林）

赤ちゃんは、自分の感覚で確かめながら成長する

　赤ちゃんは、手にした物をなんでも口に入れます。
そばで見ているお母さんは、ついそのたびごとに「ダメ！」といって、赤ちゃんが口へ運ぶものを取りあげてしまいがちです。
が、のどに吸い込んだり、色がはげたりするものでないかぎり、ここは、赤ちゃんの自由にさせてあげてほしいのです。

　というのも、
赤ちゃんは物をさわったりなめたりすることで、冷たい、熱い、硬い、軟らかいといった感覚*を学んでいるからです。
そして、その刺激は絶えず大脳に記憶され、
赤ちゃんの経験による感覚の発達を促しています。

　ですから、乳児期にたくさんの経験をつめばつむほど、
これが基礎となってその子は、感覚のすぐれた子どもに成長するでしょう。

このことは、かならずしも知能の成長につながるとはいえませんが、芸術的な感覚や運動神経は磨かれるはずです。

それから、

赤ちゃんは、さまざまなものを見たり、聞いたり、口に入れたりすることでその物が自分にとってどんなかかわり合いがある物なのか学びます。

あたかも

犬がその感覚器のうち一番鋭敏な嗅覚《きゅうかく》によって物を見分けるのと似ています。

赤ちゃんが自分で一つのことを経験し体験するということは、赤ちゃんをぐんと成長させる基礎をつくります。

（注釈）＊感覚

感覚には、視覚、聴覚、触覚、味覚、嗅覚などがあります。視覚については、眼球の組織の構造、とくに目に入るものの映像がうつる網膜は生まれたときにはほぼ完成しています。しかし、視力にとってもっとも重要なものは中心窩《か》という部分であって、それはまだ十分に発達していません。そのために生まれたての赤ちゃんは光に対しては反応し、明るいか暗いかの区別はつき、二〇〜三〇㎝の距離ならば、像、つまりパターンをかなり認知することができますが、大人ほど詳細（シャープ）に認知ができません。しかし、生後四か月までには、眼球の中心窩が完成して、それ以後は急速に物体の形をはっきり見ることができるようになります。

生後四か月までは眼筋調節もまだ未発達なので、斜視が出ることがあります。これは生理的斜視とよばれ、眼筋が発達するにつれて自然に消失します。

視覚にかかわって、色の違いを見分ける色覚は生後急速に発達して六か月前後で大人と同じようになると考えられます。生後早い段階でりんご、みかん、葡萄《ぶどう》などの自然の色を見せて、色彩豊かにしてあげることも大切です。

赤ちゃんは、生まれたときから不安や苦痛に反応して泣くことができますが、生後約二か月頃までは、あまり涙は出ません。涙を出す涙腺《るいせん》は生まれたときからすでにほぼ完成していますが、脳の涙腺中枢が十分に発達していないため脳から涙を出す指令が涙腺にスムーズにいかないためです。

聴覚については、胎児でも音楽に反応して心拍数が変化するので、出生前からあると考えられます。しかし出生時には耳は聞こえにくいはずです。耳のなかの聴覚器は生まれたときに完成していますが、生まれてきたときは内耳にまだ羊水がつまっているためです。それが生後二日目になると耳のなかにあった羊水も乾いて、音、また人の声、とくに母親の声に対して明らかに反応しはじめます。生後一か月になれば音のするほうを向くようになります。生後六か月になると音楽に反応します。生後七～九か月になると音楽にあわせてリズミカルな運動をしたりします。

味覚も生まれたときからみられ、これはむしろ生まれたての赤ちゃんのほうが大人より敏感であると考えられています。とくに甘みに対してつよい感受性を示します。これは、赤ちゃんの舌は味蕾《みらい》の密度が濃く、上顎《うわあご》や口唇にも味覚帯があるからだと考えられています。なお、唾液《だえき》の分泌が活発になるのは生後三か月以後です。

五感というと、視覚、聴覚、触覚、味覚に加えて嗅覚が入りますが、新生児でも母親の体臭や、お乳のにおいを嗅ぎ分けることが示されています。これは、羊水にふくまれていた母親の皮膚の匂いの成分（脂肪酸）を赤ちゃんが覚えているからではないかと考えられています。

うぶ声をあげて泣きやまない赤ちゃんを抱っこすると泣きやむので、触覚は生まれたときからある程度発達していると考えられます。しかし、とくに敏感なのは口唇です。生まれたばかりの赤ちゃんがお母さんの乳首をみつけだしてお乳を吸啜することができるのも、またいろいろなものを口にもっていって確かめるのも、口唇や舌の敏感な触覚のおかげです。また皮膚の感覚である触覚の発達はたいへんはやく、生後五〜六か月までには大人とおなじくらいに発達します。

（小林）

赤ちゃんの心に
喜びや人への信頼感を芽ばえさせるには

赤ちゃんは自分で何かしたあと、
お母さんがどんな顔をするか、
その行為が受け入れられるものか否かを気にしています。

そういうと、赤ちゃんにそんな複雑な心の働きがあるのかと
驚く方もいらっしゃるかもしれませんが、
赤ちゃんの心の中にも、何かを期待する心が存在しているのです。
そのなかには、
容認され、さらにほめられることを期待するということも含まれています。
まさに、赤ちゃんも一つの人格として、
大人と同じように、
自分が認められることが大好きなのです。

このように、赤ちゃんが無言で母の容認を求めたとき、

もしそれがいいことなら、容認する表情や態度や言葉を、
それが願わしくないことなら、とりあわずに黙殺することが必要です。
赤ちゃんの心には喜びや、人への信頼感が芽ばえてきます。

赤ちゃんは、母の満足そうな喜びを見ると、
それは大変に勇気づけられ、さらに積極性をもって伸びてゆくでしょう。

生後三～四か月の指しゃぶりは生理的なもの

「指しゃぶりがもう始まりました。どうしたら直るでしょうか」と、あわてるお母さんが多いのですが、生後三～四か月の指しゃぶりは生理的なものですから、とくに心配する必要はないのです。

赤ちゃんのころは、他の器官が未発達なので、鋭い感覚を持つ唇で、なんでも確かめようとします。手が自由に動かせるようになって、手を口へもっていけるようになると、それを吸うようになって当然なのです。それを欲求不満の表れなどととらえていたのでは、育児ノイローゼになりかねません。

また、人工栄養の赤ちゃんの場合、吸う力に十分余力があるうちに飲み終わることが多いため、吸啜本能の満足感が得られなかったり、母乳栄養児よりも気分の落ち着きがやや欠けるため、指しゃぶりをすることが多いのです。

飲み終わってからも空のびんを吸うようなら、吸いつきたい気持ちを遊びにまぎらわせる工夫をしないと、赤ちゃんによっては、この時期の生理的指しゃぶりが習性になってしまうこともあります。

抱いてやってもいいし、ベッドに寝かせてでもいいのですが、おだやかな笑顔でちょっとのあいだ赤ちゃんの相手をしてください。赤ちゃんは遊んでいるうちに指しゃぶりを忘れてしまいます。相手のできないときは、三~四か月の指しゃぶりというよりこぶししゃぶりは当たり前のことですから、あまり神経質にならないで、十分に気のすむまでしゃぶらせてあげることです。いずれにしろ、お乳を飲んでいるあいだの赤ちゃんの指しゃぶりは問題ありません。

指しゃぶりがいつまでも続くときは

この生理的な指しゃぶりがなかなかとれないようなら、やめなさいという前に、どうして癖になったのか、その原因をよく考えてみてください。

指しゃぶりで問題なのは、指しゃぶりそのものではなく、指をしゃぶりたくなるような環境や気持ちのほうです。


厚着にして身動きがとれないために指しゃぶりをするのではないか、あるいは寂しさのせいだろうか、また、指しゃぶりはいけないことだと決めつけて、それを早くやめさせようとしてきたお母さんにも原因があったのではないか、など原因を見きわめることです。

お母さんのかまいすぎや、ゆとりのなさが、赤ちゃんの神経を必要以上に刺激して、指しゃぶりの癖をつけていることもあります。

指しゃぶりは、無理にやめさせようとすれば、赤ちゃんもいらだち、かえってやめようとしなくなります。癖になった原因をとり除かないと、直すことはできません。そして原因がとり除かれたと同時に、ウソのように直るものなのです。

指しゃぶりが長引くようなら、それをひとつの警鐘として受けとめ、赤ちゃんの育て方を両親で話し合ってみることです。そして、より大らかな気持ちで子どもに接するよう、心がけていただきたいのです。

お母さんの育児は完璧《かんぺき》でなくてもよいのです

　もっと育児に手抜きを、などというと、一生懸命赤ちゃんを育てているお母さんからしかられそうですが、ときによっては、そのほうが赤ちゃんのためになる場合があります。

　いうまでもありませんが、お母さんの仕事には、育児以外にも、一家の主婦としてしなければならないことがたくさんあるはずです。それをこなすだけでもたいへんなのに、たびたび夜中に赤ちゃんに起こされたりと、それこそ二十四時間休む間がないかもしれません。

　当然、お母さんは肉体的にも精神的にも疲労します。先に、お母さんが疲れると母乳に変化が生じると述べましたが、こうなると、母乳だけの問題ではすまされなくなります。一生懸命やろうとしているのに、それができないというジレンマが、イライラとなって、さらにお母さんを疲れさせます。
そして、そんな状態が続けば、
いよいよ育児ノイローゼということにもなりかねません。

お母さんが疲れて
「もうたまらない、いやになった」などと思うようになったら、
それは疲れからきた心の息切れだと思ってください。
何よりも疲れをとるよう心がけてください。

育児に疲れたと思ったときの救いがあります。
それは百パーセント完全な育児をやらなくても、赤ちゃんはだいじょうぶ、
育ってゆくものであることを、よく知ってくださることです。
もちろん、育児に熱心なのは結構なことなのですが、
すべてに完全でないといけないと思っていると、どこか生活に無理がきます。

完全にサボるというのではありませんが、
完全なママなどどこにもおりません。
完全ママを志していると

かえって必要以上に神経質になってしまうのがおちです。
神経質になれば、それだけさらに疲れます。
お母さんが疲れると、家庭生活も台なしになるし、
それに巻き込まれた赤ちゃんも
いっしょになって疲れてしまうことになってしまいます。

赤ちゃんは、少々の育児の手抜きに対しても平気でいられます。
アメリカはニューヨークのある乳児園の話ですが、
ここでは、大人たちが土足で出入りしている床で、
赤ちゃんたちが転がって遊んでいるといいます。
なかには、ペロペロと床をなめたり、
そのまま、ほおをつけて眠ってしまう子もいるそうですが、
赤ちゃんはへっちゃらです。
これは極端な例かもしれませんが、
「ほ乳びんの消毒だ」「カーペットを清潔にしておかないと」などと、
あまり神経質にならなくても、赤ちゃんはだいじょうぶなのです。
もう一つ、児童心理学者の波多野《はたの》勤子《いそこ》さんの例をご紹介しましょう。

波多野さんは商家に嫁がれて、
生家とは生活の様式がちがう商家の主婦として、
家業を手伝いながら家事もつかさどるので、
心身ともにやすまる暇もありません。
そこへお子さんが生まれました。
これ以上はもう無理だと悩んでいたときに考えぬいた末、
「そうだ六十点主義でいこう」と思いついたのです。
すべてに百点満点を目指すから、身動きがとれなくなる。
六十点なら、なんとかできるのではないか、と考えたわけです。
一度そう決めると、心に余裕ができて、
お姑《しゅうとめ》さんとの間も、家業も家事も育児も、
今までより、かえってうまく運んだそうです。

育児というのは、やらなければならないことがたくさんあります。
しかし、疲れたときは、
そのなかで今、何がいちばん赤ちゃんにとって必要なのか、
を考える心のゆとりを持ちましょう。
それだけをする、

そして、それ以外のことは、思いきって手を抜いてみてください。

授乳時の態度が大切です

幼児や学童の間で、
あまりにも落ち着きのない子というのが問題になっています。
落ち着きや集中力は、子どもがその能力を十分発揮していくうえで、
とても重要なものです。
この力が弱くなっている原因は、けっして一つではないと思いますが、
私は、その主な原因の一つとして
乳児期の栄養法が幼児期まで響いていると考えています。

もうだいぶ前のことになりますが、ＮＨＫのラジオ番組で、
産声から言葉の誕生までを五年間にわたって追跡したことがあります。
そのときスタッフの方は、
母乳育ちと人工栄養育ちとでは、赤ちゃん時代その神経の反応のタイプが、
大きく分かれるのにびっくりしていました。
私は母乳栄養の赤ちゃんは、だいたい落ち着いていることを感じていましたが、
スタッフの方々は

実際に人工栄養の赤ちゃんと母乳栄養の赤ちゃんに接してみて、みなさんが「なるほど」と感心なさったことが忘れられません。

新生児でも、世話をしてくれる人の気持ちを敏感に受けとめます。生後三か月を過ぎた赤ちゃんは、さらに感受性を深めています。あやしたり、世話をする人の気持ちが伝わるのです。赤ちゃんの脳は、周囲の人々とかかわりながら育っているのです。脳の発育をもっとも促進するのは直接世話をする人の態度です。

母親は乳をふくませながら、

「鼻は私に似たのかしら、目は父親？　もしかしたらおばあちゃん似かな」

なんて赤ちゃんと目と目を合わせながら楽しんでいるわけです。

こういうときの気持ちはとてもおだやかなものです。

ところが人工栄養はびんの中身が見えます。

「きょうも飲み残すかな、もうちょっと飲まないと標準以下だわ、あと十ccよ」

と与える人の気持ちはけっして和やかではありません。

目をみるどころか、目盛りを見つめるのです。

それにつられて赤ちゃんも緊張するわけです。

それで、赤ちゃんはそれぞれの母親の態度を敏感に感じて、母乳育ちの赤ちゃんはのんびりと、人工栄養育ちの赤ちゃんは緊張しやすくなるのですが、ただ母乳と人工栄養でかならず二つのタイプに分かれるというわけではなく、ここで注意していただきたいのは、授乳の時のお母さんの態度です。

緊張が続くなかでは、落ち着きや集中力は育ちにくいのです。

ですから、母乳栄養であっても、人工栄養であっても授乳時、お母さんと赤ちゃんの目と目の対話をしながら「まなかい授乳」であってほしいものです。

赤ちゃんの夜泣き
―大半は赤ちゃんのイライラが原因です

五か月ごろになると、そろそろ人見知りをしたり、
怖い顔を見せるとベソをかいたりします。
こうした反応が現れるのは、
不完全ながらも脳が発育して情緒を表す活動ができてきたからです。

このころから赤ちゃんは、周囲の環境、
とくに人間関係の影響をまともに受け始めます。
そして、よい影響の場合は、
赤ちゃんの脳の発達を助け、心も安定するものですが、
悪い影響は夜泣きという形ですぐに現れます。
夜泣きは、赤ちゃんもつらいでしょうが、
眠れないお父さんやお母さんにとっても、たいへんつらいことです。

夜泣きの原因には、

熱が出る、おなかが痛い、耳が痛いなど、体の異常もありますが、その大半は、家庭内の人間関係の対立による母の長期の緊張・不安など心の影響によるものや、赤ちゃんのかまいすぎなどによって、赤ちゃんがいつも緊張させられて心のやすまる時が少なくイライラするために起きています。

また、昼間受けた刺激が強すぎたりすると、毎晩の夢が、意識中枢を強く刺激して、目が覚めることもあります。それがこわい夢だったりすると、目が覚めてからも不安や恐怖が尾を引き、泣き出してしまうのです。

こわい夢といっても、まさか赤ちゃんが、オバケの夢を見るはずもありません。昼間、お母さんが感情をむき出しにして強くしかったりすると、その語調や表情が強い刺激となり、夢にも出てくるのです。

外気浴の不足も原因の一つと考えられるので、外気浴は天気がよければ毎日してください。

夜泣きには笑顔の無言療法を

外国の育児書を読むと、
「言葉の発達を促すには、言葉のわからないうちから、
赤ちゃんにどんどん話しかけなさい」と書いてあります。
日本でも、
教育熱心なお母さんは、そういう本を読んで実践しているようですが、
ここで一つ注意しなければならないのは、
日本と外国では、生活様式や習慣が違うので、
外国の育児書をうのみにすると、実情に合わない点があることです。

私は、赤ちゃんに積極的に話しかけるのは、
赤ちゃんにも個室を与える欧米だから言えることで、
日本では、お母さんが家にいる場合、
むしろ言葉のかけすぎになっていることがあると考えています。
とくに神経質な赤ちゃんは、
なにげなく話している言葉でも、感情をまじえた場合、

言葉での刺激が強すぎることがあり、
これが続くと夜泣きを始めるケースが多いのです。

ですから、
もし、これといった毎晩の夜泣きの原因が思いあたらなかった場合、
言葉のかけすぎを疑って、
一週間くらい〝だんまり作戦〟という無言療法をとってもらうよう、
私はお母さん方にすすめています。
これは、声を出さないで笑顔だけで赤ちゃんに接して、
かまわれすぎて高ぶった神経を鎮める治療法です。
(治ったら普通の態度で接すること)

以前、お父さんは小児科の医者、
お母さんは看護師さんという、
一般には育児の専門家と思われるご両親から夜泣きの相談を受け、
この〝だんまり作戦〟を教えてあげたところ、
三日目で夜泣きがやんで、ご両親のほうが驚いたということがあります。

お母さんへの思いやりが夜泣き治療の特効薬

治療法のなかでいちばん難しいのは、お母さんの人間関係による夜泣きです。

育児やしつけの仕方をめぐって、お姑さんとお嫁さんの意見がくい違ったり、夫と対立する場合もあるかと思います。家族が多ければ、何かと気をつかうことも多いでしょう。狭いアパートでは、子どもの泣き声がとなり近所の迷惑になりはしないか、と気が気ではありません。これらはすべて、お母さんのストレスの原因になり、赤ちゃんにまでストレスを伝えてしまいます。そうなると夜泣きはますます重症になり、悪循環を繰り返します。

これを治すのには、家族の人や近所の人の協力が必要です。

夫はもちろん、二世代、三世代が一緒に暮らしている家庭では、
家族のみんなが
母親を追い込むような批判的な言動はつとめて控えてほしいと思います。

夜泣きがうるさくて家族が眠れないというだけで、
母親は身を小さくして緊張します。
赤ちゃんは日々成長していくのですから、
夜泣きはいずれ治るものと、
家族もご近所の方も大らかに接してあげてほしいと思います。
そうした思いやりが、じつは夜泣きをいちばん早く治すのです。

赤ちゃんの中には、生まれつき手のかかる子がいる

〝十人十色〟といいますが、
生まれたばかりの赤ちゃんでも、
一人ひとりずいぶん違うなと感じさせられることがあります。
たとえば、赤ちゃんを抱き上げたとき、
とてもおとなしく抱かれる赤ちゃんもいれば、
ワーッと泣き出す赤ちゃんもいます。
同じように抱いても、反応が違うのです。
また、はじめてオッパイをあげるとき、
最初の授乳はなかなかうまくいかないことが多いのですが、
オッパイをうまく吸えなかったときでも、
やはりおとなしい赤ちゃんがいるいっぽうで、
怒ったように泣きわめく赤ちゃんもいるのです。

これは、持って生まれた〝気質〟の差といってもいいでしょう。
ひじょうに大ざっぱな分け方になりますが、
気分が比較的安定していて、
何ごとにおいてもおとなしくて扱いやすい赤ちゃんと、
気分が不安定で、すぐ泣いたりむずかったりして、
扱いにくい赤ちゃんとに大別できるようです。
この気質の違いは、新生児のときからあらわれています。

いいかえれば、
赤ちゃんには生まれつき扱いやすく、育てやすい赤ちゃんと、
ひじょうに手のかかる赤ちゃんがいるということです。
このことは〝心の育児〟を考えるうえで、
ぜひお母さんに知っておいていただきたいことなのです。
というのは、手のかかる赤ちゃんの場合、
お母さんと赤ちゃんの心の交流がうまくいかなくて、
育児上の問題を作り上げるケースがしばしば見受けられるからです。

育てやすい赤ちゃんなら、

お母さんも安心して赤ちゃんに接することができ、
赤ちゃんも落ち着いてすくすく育ちます。
しかし、
ちょっとしたことでも、すぐに赤ちゃんが泣いたりむずかったりすれば、
お母さんもなかなか平静ではいられなくなります。
「なぜ、いうことを聞いてくれないの」と
イライラしてカンシャクを起こしたり、
「私は子育てが下手なのかしら」と自信を失ったり、
「何か環境に問題があるのかしら」と神経質になったりしがちです。

しかし、お母さんがイライラしたりオロオロしたりしても、
赤ちゃんの機嫌がなおるというものではありません。
むしろ、そのようにお母さんの心が不安定になれば、
それを感じとった赤ちゃんの心もますます不安定になって、
前にもまして泣き叫ぶという悪循環を起こしがちなのです。
こういうことを繰り返して、
お母さんの心も赤ちゃんの心も不安定になっていると、
どうしても心のきずなは結ばれにくくなってしまいます。

ゼロ歳児の時代にお母さんとの心のきずながうまく結べないと、親子関係や子どもの心にのちのちまで悪影響をおよぼす心配もあるのです。

というと、うちの子はだいじょうぶかしら、と不安になるお母さんもいらっしゃるかもしれませんが、よけいな心配はご無用と私はいいたいのです。

乳幼児の気質について研究している北海道大学教授の三宅和夫《みやけかずお》氏によると、生まれたときから扱いにくい赤ちゃんは全体の三割近くいるそうですが、追跡調査をしてみると、扱いにくい赤ちゃんの三分の一くらいはよくなっていたそうです。これは、お母さんが「うちの子はむずかしいから」と考えて、扱い方をいろいろ工夫した結果ではないだろうか、と三宅氏は推測していますが、私もそのとおりではないかと思います。

また、同じように扱いにくかった赤ちゃんでも、のんびりしたお母さんに育てられるとよくなり、ひじょうに神経質なお母さんの場合は、悪循環を起こして、心に問題をかかえる子に育ってしまったという例もあるそうです。

要は、お母さんの心がまえしだいで、赤ちゃんの心はよくも悪くも成長するというわけです。

扱いにくい赤ちゃんの場合、大事なのはお母さんが「うちの子は手がかかるのだ」と認識することです。このことがわかっていれば、赤ちゃんが泣き出したときでも、それほどオロオロしたりせずにすむでしょう。

このような赤ちゃんには、できるだけゆったりと、静かに落ち着いて対応することが必要なのです。

お母さんが落ち着くことが、赤ちゃんの心を安定させるなによりの〝妙薬〟です。

神経質な赤ちゃん

〝子どもは、親の心を映し出す鏡である〟とよくいわれます。

ある若いお母さんが、
母乳で育ってきた五か月の赤ちゃんが、
離乳食を始めてから四日間ぐらい便秘をする、
と相談にみえたことがあります。
見たところ、赤ちゃんはいたって元気で、機嫌もよいのです。
調べてみると、意外なところに原因がありました。
離乳食を食べさせてみたが、だいじょうぶかなぁ、
というお母さんの不安が、赤ちゃんに肌を通してのり移り、
赤ちゃんの腸の自律神経のバランスが壊れたための便秘、
こんどは、その便秘がまた母の不安となり、悪循環をしていたのでしょう。
「便秘のレコードで、外国では十日以上のものもありますよ」と話をしたら、
帰宅後すぐ便通がありました。

つまり、赤ちゃんの便秘は、お母さんの不安によるストレスにあったのです。
便秘を心配する母親の気持ちが赤ちゃんに伝わって、赤ちゃんが神経質になり、
さらに便秘が続く、という悪循環なわけです。
こんなときは、赤ちゃんの便がいつ出るかと、気をはりつめたりせず、
いま出るか、もう出るかと、赤ちゃんの顔を見るのではなく、
そんなことは忘れて、
楽しく笑みをかわして赤ちゃんを大らかに扱うことが大切です。

のんびりしているお母さんの赤ちゃんは、
やはりのんびりしていて、
神経質なお母さんの赤ちゃんは、
やはり神経質であることのほうが多いようです。

そして、神経質なお母さんにかぎって
「先生、うちの子はどうも神経質で困ります。
どうにかならないものでしょうか」
と心配そうに訴えるのです。
これは、赤ちゃんが神経質というよりも、

残念ながらお母さんのほうが神経質だといわなければなりません。
たいていの場合、
赤ちゃんは、お母さんが心配するほど神経質ではありません。

しかし、なかには、たしかに神経質な赤ちゃんもいます。
そうした赤ちゃんには、それなりの対応の仕方をしなければなりません。
ここで、医者がどういう症状の赤ちゃんを神経質と判断するかを、
説明しておきましょう。

①泣きやすい赤ちゃん。
軽い刺激でも泣きやすい赤ちゃんがいます。

②驚きやすい赤ちゃん。
小さなもの音にも敏感な赤ちゃんは、やはり神経質といえます。
ただし、一、二か月の赤ちゃんでは、そっと閉めたドアのカチッという音で、
手をフワッと万歳のように上げたり、抱きつくように手を上げたりしますが、
これは反射運動で心配いりません。

③眠い時でないとミルクを飲まない赤ちゃん。
うつらうつらしている時でないとミルクを飲まない赤ちゃんで、こめかみのところに青すじがたっていることが多いようです。

④眠りが浅い赤ちゃん。
眠ったと思っても、小さなもの音で目を覚まし、キャーッと泣くタイプです。

神経質な子どもは、一面鋭い感覚の持ち主で、将来も直観的にすばらしい判断をすることが多いようです。ですから、お母さんは、育てがいのある子を持ったんだと、どっしりしていていただきたいと思います。

熱性けいれんを繰り返したり、根気がなく落ち着きが少なかったり、いったん泣き出すとたいへんな大声で長く泣いたりしますが、こんなときオロオロしないことです。
親がオロオロしてしまいますと、子どもの不安はつのるばかりで、その不安を抑えようとして、タオルや毛布などに頼って口にくわえたり、握って離さないということになりやすいのです。

神経質な赤ちゃんが二歳から三歳になると、昼間に恐ろしい体験をしたことが、夢に再現されて起こる心の病気に夜驚症《やきょうしょう》があります。眠りについて二、三時間たったころ、夢を見て泣き出し、怖い怖いと泣きながら、家中のドアをあけて駆け回ったあと、また床にもぐり、翌朝それを覚えていないというものです。友達にいじめられたり、怖いテレビや絵本を見たことなどのほかに、お母さんの絶え間ないしかり方が原因になっていることもあります。

大切なのは、まず、お母さんがいつもゆったりかまえていることです。自然に、大らかに、子どもを育てることが大事なのです。

子育て上手なお母さん

赤ちゃんへの愛情を十分持っていても、お母さんのなかには、子育ての要領のいい人とそうでない人があるようです。では、その差はどこから生じるのでしょうか。

あえて一言でいうならば、自分の赤ちゃんをよく見ているかどうか、すなわち、溺愛《できあい》しすぎるあまり、視野が狭くなっていないかどうかという点にあるように思います。

子育ての上手なお母さんは、赤ちゃんに十分な愛情を注ぎながらも、その情愛に流されっ放しでおぼれてしまうことなく、冷静に赤ちゃんを受けとめています。

まわりからとび込んでくる情報をうのみにし、それをわが子にあてはめてみては不安がったりしないのです。

子育ての下手なお母さんは、自分の赤ちゃんを見るより先に、友人や近所の世話好きな方の意見や、不確かな情報、あるいは〝こうしなければいけません式〟に書かれた育児書に、振り回されてしまう傾向が強いようです。

そして、育児書に書いてあるとおり発育や行動をしないと、どこか悪いのではないかと思ってみたりするあげく、自信を失い不安をつのらせてしまうのです。

育児書には、画一的な発想から、いろいろ書いてあるものがあります。

その点、ドイツの『トーマス博士の育児書』は、何歳になったとしても何々がまだできなくても心配いりませんという具合に述べてあります。


たしかに、育児書は、すこやかに赤ちゃんが育ってほしいという親の願いにこたえるために、その手引として登場してきました。

そして、そのほとんどの育児書は、内容的にもたいへん参考になることが書いてあるのも事実です。

いえ、はじめて赤ちゃんを育てることになったお母さんは、お父さんといっしょに一冊は読むべきであるといっていいかもしれません。

しかし、赤ちゃんは、生まれながらにして一人ひとり個性がある、ということも、また事実です。

その赤ちゃんが育っていく道もまたそれぞれちがうでしょう。

しかし、ちょうど登山をする場合、頂上への道がたくさんあるように、その育て方にはそれぞれの道があります。

迷いさえしなければ、
いつかはかならず目的地に達するものだと思っていただきたいのです。

赤ちゃんを育てるということは、長距離レースのようなものです。
そのレースが始まったばかりのうちから、
この子は人より遅れているなどと、思いつめてはいけません。
ほんとうに不安なら、小児科医に診てもらえばよいのです。
赤ちゃんが育つなかでは、降る日もあれば照る日もあります。
雨の次はかならず晴れると信じて、
楽しく育児に取り組んでいただきたいと思います。

お母さんの心がしっかりしていれば、かならず赤ちゃんはよく育つのです。

そして楽しい気持ちで赤ちゃんを抱っこしてあげてください。

憂鬱《ゆううつ》な気分で抱っこされると、赤ちゃんも楽しくありません。

ですから、繰り返しますが、

育児書や母子手帳の標準は、あくまでも一つの目安であるということです。

この子は、まだこれができない、

書いてあるとおりに歯がはえない、

などということに一喜一憂しないで、

むしろ赤ちゃんの、戸外に出たい欲求や動き回りたい欲求を満たし、

赤ちゃんに適した楽しい生活のリズムを作ってあげることに努力しましょう。

おんぶの効用

最近は、お母さんが赤ちゃんをおんぶしている姿を、あまり見かけなくなりました。欧米式の育児法が普及してから、おんぶするとガニ股《また》になるとか、赤ちゃんを甘やかすからよくないとかいわれたからでしょう。もう一つ、おんぶをするのは格好が悪いという理由も、見逃すことができないようです。

私は、積極的なおんぶ支持者の一人です。まだ首がすわらないうちに、おんぶをするのは反対ですが、十分に首がすわった赤ちゃんが好むなら、どんどんおんぶをしてやってください。実際、神経質というか、カンの強い赤ちゃんは、おんぶするとよく眠るのです。

おんぶの効用は、まず、赤ちゃんの姿勢がひじょうに気持ちを安定させることです。

この姿勢だと、胃にたまった空気が出やすいのです。

また、お母さんの背中に適当なぬくもりがあるのも、おんぶの長所で、赤ちゃんは安心して眠ることができます。ガニ股うんぬんについても問題はありません。むしろ、カエルの足のように股を広げて、しかも両足が自由に動くおんぶができる抱っこひもであれば、足が適度に広がり、股関節《こかんせつ》が正しい位置にはまるので、股関節脱きゅうの予防になってくれます。

さらに、おんぶは、スキンシップの効用も無視できません。近年、欧米で日本のおんぶが見直されるようになっていますが、その最大の理由は、いわゆるスキンシップにあるのです。たとえば、スウェーデンでも、母親の肌のぬくもりが、子どもを安らかに育てるという観点から、おんぶが大いに奨励されています。

アメリカの生物行動研究所所長、J・W・プレスコット博士も、おんぶ支持派の一人です。

博士は、動物実験と人間の行動をとおして、人間の暴力のルーツを研究しているのですが、そこから、おんぶについても衝撃的な意見を発表しています。


「戦後の日本は、おんぶを忘れてしまった。あのすばらしい伝統的な育て方を捨てて、アメリカの育児法に走った。その報いが、いま暴力や非行となって表れ始めている。この現実は、これからもさらに広がり、日本の発展にも、大きな危機をもたらすかもしれない」

博士によれば、

「赤ちゃんの脳の発達、情緒的・社会的行動の発達にとって、決定的に重要なのは、接触（スキンシップ）と、母親が赤ちゃんを身につけて運ぶ運動である」

というのです。

たとえば、赤ちゃん猿にスキンシップを与えないで育てると、脳に障害を起こし、情緒的・社会的行動に異常が現れて、極端に暴力的になるといわれています。

この動物実験の結果は、博士が行った研究によって、人間にもあてはまることが実証されたそうです。


私も、おんぶが、お母さんと赤ちゃんのスキンシップを育てた、という指摘には大賛成です。

おんぶさえしていればいいというわけではありませんが、必要となれば、おんぶするのを遠慮することはありません。


ただし、プラスチックの器具などを使って、赤ちゃんを後ろ向きに背負うのは、おんぶに似て非なるものです。

これは、親は両手で何物を持つので、楽をして赤ちゃんを運ぼうという発想から生まれたものでしょう。

つまり、赤ちゃんを荷物扱いしているのと同じです。
そんな発想からは、愛情の交流が生まれるはずもありません。

赤ちゃんでも〝戸外に出たい〟要求が

〝戸外での育児〟は、子どもの心身の健康づくりにたいへん大切なことです。家の中にばかりいると、どうしても運動量が少なくなり、その結果、寝つきが悪くなったり、せっかく眠っても、眠りが浅くてちょっとの音にも目が覚めたりします。また食欲不振に陥ることもあります。これが続けば、子どもは不機嫌でイライラし、落ち着きを失うことにもなるでしょう。

不思議と思われるかもしれませんが、一日のほとんどをベッドで過ごしてまだ歩くことのできない赤ちゃんにも、じつは〝外に出たい〟という要求があるのです。そしてその要求を満たされた赤ちゃんは、目がイキイキとしています。反対に、家の中に一日中閉じ込められている赤ちゃんは、イライラしたり、お乳の飲み方が悪かったりして元気がなくなる場合が多いようです。

私の希望をいえば、
歩き出したら、一日に三時間は戸外で遊ばせたいのです。
また、まだ歩けない赤ちゃんも、
どうせ眠ってばかりいるのだから外に出す必要がない、
などと考えたら大間違いです。

ロシアの育児書には、
冬の零下十五度でも赤ちゃんを戸外に出すこと、
そうすればバラ色のほおの子になり、食欲も出るし、よく眠る、
と書いてありました。
そういえば、中国のハルビンに日本人が多く住んでいたころ、
冬の間、日本人は赤ちゃんをほとんど外に出さなかったので、
春になったらほとんどの子が紫外線不足から、くる病にかかっていたそうです。
それにくらべ白系ロシア人は、
厳寒期にも、風さえ強くなければ赤ちゃんを連れ出していたので、
くる病にかかった子はまったく見られなかったといいます。

寒い季節には寒い国の育児から学ぶべきでしょう。日光の紫外線だけでなく、自然界には、われわれが気がついていない、人間に大切な物理作用をするものがあると考えられます。

皮膚の表面近くにある毛細血管は、冷たい空気に触れると縮まって血液の流れを少なくし、暖かい空気に触れると血管は伸びてたくさんの血液を流して*体温の調節をします。

皮膚が自然の気温に適応できるようになると、不思議なことにすべての面で、環境に適応できるようになります。内臓も関連して丈夫になります。

実験によると、体温調節は生後二週間でも少しできますが、調節機能をさらに活発にするには、そのための環境が与えられなければなりません。といっても急に寒さにさらしたのでは、鍛錬どころか機能を狂わせてしまいます。
自然の気温の変化に合わせて、徐々に鍛錬をしていくのがいちばんよく、秋から冬にかけてはもっとも適した自然環境です。

赤ちゃんの手・足が冷たくなりやすい場合は、赤ちゃんの皮膚を心臓の方に向かって、手のひらでさすってください。そうすると赤ちゃんの体はぽかぽか温かくなって、手袋や靴下もいらなくなりましょう。散歩にもどんどん連れ出して、冷たい空気に当ててやりましょう。

お母さんによっては、お買い物に出かけるとき毎日連れていっているからだいじょうぶ、というかもしれません。
とりあえず赤ちゃんの外に出たい欲求を満たしているようですが、お母さんが買い物に気をとられすぎては、赤ちゃんは満足していません。たとえ戸外にベビーカーで出かけるときでも、赤ちゃんはお母さんの大きな愛情の中に包まれていたいと思っているのです。

うれしいことに日本には四季があって、その変化が、たとえ都会の中であっても、木々の色、よそのお宅の庭に咲く花、吹きわたる風や光にあらわれてきます。

ですからお母さんも、自然を楽しむようなゆったりとした気持ちで赤ちゃんといっしょに散歩してください。

大人にとっても、散歩という全身運動は新鮮な空気を全身に送り込み、新陳代謝の機能を高めてくれます。

お母さんも、赤ちゃんをベビーカーにのせてゆったり歩くことは、いつもいいコンディションで赤ちゃんに接するための大切な時間、ととらえてください。

（注釈）＊体温調節機能

赤ちゃんは大人のように体温調節機能がうまく働きません。理由は五つあります。

①皮膚・皮下脂肪が薄く、体の容積のわりに表面積が大きく熱を失いやすい。

②基礎代謝が大きく、体温が安定しにくい。

③人間の体は熱を放散させないために末梢血管が収縮し、反対に熱を放散させるためには末梢血管が拡張する。これによっても体温を調節しているが、このしくみを支配する自律神経の機能が赤ちゃんではまだ未熟で不安定である。

④大人は汗をかき、その汗が乾くことによって体温を下げることができるが、赤ちゃんの場合は発汗がまだ十分に行われない。
⑤ホルモンも体温を調節する機能があるが、赤ちゃんの内分泌系の機能はまだ未熟であるため、これがうまく行われない。このような傾向は新生児や低出生体重児に多く見られる。
　また、赤ちゃんの生理的なしくみとして、寒いとき大人は体のなかにあるグリコーゲンを利用してふるえて発熱できますが、赤ちゃんは寒くてもふるえることができません。そのため赤ちゃんの肩、首、耳、わきの皮下や体のなかにある褐色脂肪組織と呼ばれる脂肪がエネルギーを産生し、体温を高めます。

（小林）

ひとり遊びから生まれる創造力

〝遊び〟というと、

とかく大人は、二の次、三の次のことだと思ってしまいます。

勉強や仕事をすることのほうが大事で、

遊んでいると、何か悪いことをしているように感じてしまう人が、

まだまだ多いようです。

人間にとっては、遊びも大切なのですが、

とくに幼児にとっては、遊ぶことそのものが勉強であり、

遊ぶことを通じて脳のいろいろな部分が発達し、

いろいろなことを学んだり、

能力を身につけていくことが、年長児などの勉強にあたるものであることは、

いうまでもありません。

子どもの遊びには、お母さんや友達と遊ぶ仲間遊びと、

自分だけで遊ぶひとり遊びがありますが、

もちろん、どちらも子どもにとって大事です。

とくに、ひとり遊びをしているときは、
お母さんが手があいたからと必要もない抱っこをしたり、
遊びに割り込まないで、そばからじっと見守ってあげてください。
その遊びは想像や工夫の楽しさの中で
脳の発達を促進していると思ってください。

一人で着せ替えごっこをしながら、
いろいろと自分がお母さんに始終言われていることを
独りごとで言っていることがありますが、
これは、あれこれ空想しながら楽しんでいるのです。
けっして笑ったり、中断させたりしないでください。
こういう遊びの中から、記憶力や学習能力や創造力も養われていくでしょう。

子どもは、ゼロ歳時代からこのひとり遊びを始めますが、
子どもをかまいすぎると、
せっかくのひとり遊びのチャンスを失ってしまうことも多くなります。

かわいいからと抱き上げても、

ひとり遊びを中断された赤ちゃんには迷惑な話なのです。

子どもがせっかく勉強しているのに、それをやめさせる親はいないはずです。かわいいのはわかりますが、ちょっとだけ我慢してはどうでしょう。

そのうちに赤ちゃんは、遊びに飽きたり、遊びがうまくいかないから泣いて親に訴えることもありますから、そのときには、いっしょに遊んだり、ボールをころがし合ったりして、相手になることもいいでしょう。


ひとり遊びをたびたび中断したり、手伝ったりしていると、そのうちに、赤ちゃんがひとり遊びが上手にできなくなるばかりか、集中力が養われず、気も散りやすくなり、依頼心の強い子になりかねません。

ですから、小さいときから、子どもがひとり遊びを始めたら、声をかけたり干渉したりせず、そっと見守って、ひとり遊びを楽しめるようにしてやることが大事です。


なお、ひとり遊びばかりしていると、集団にとけ込めず、社会性が身につかないのではないかと心配されるお母さんもいるようですが、

しかし、結論を先にいえば、
ゼロ歳児のうちは、友達のことを心配する必要はありません。

ゼロ歳の赤ちゃんが二人でいっしょにいても、
テレビに映る赤ちゃんを見るのと変わりないのではないでしょうか。
それぞれひとり遊びをしているといったあんばいで、
二人がいっしょになって遊ぶということはありません。
たとえば、二人とも自動車で遊んでいても、
それは、それぞれのひとり遊びの延長といったものです。

なかには、欲しくなると、自分のことしかわからないゼロ歳児は、
おもちゃの取り合いで、ちょっと相手を引っぱったり、
引っくり返したりすることもありますが、
これは、仲間同士の遊びとは、ちょっとようすがちがうようです。

つまり、
ゼロ歳の赤ちゃんにとって、友達の存在はそれほど重要ではありません。
たとえ友達とあまり遊ばすに育っても、

二歳の後半から、とくに三歳になれば、自然に友達を求める欲求が起こってきて、とくに問題がないかぎり、仲間遊びができるようになっていきます。

あと追いをする赤ちゃん

生後一年をすぎたころからお母さんが頭を悩ますことの一つに〝あと追い〟があります。
ようやく家の中を自由に歩き回れるようになった子どもは、お母さんのあと追いをするようになり、家中をついて回ります。トイレにまでついていくことも珍しくありません。

赤ちゃんにとってこの時期は不安がわきやすいときで、この不安をまぬがれたいため、お母さんにいつもくっついていようとするのです。
また、積極的に自分以外の親しい人間を求める心の芽ばえとともに自分を守ってくれる人、愛している人からかたときも離れたくない心がわくのでトイレまで追ってくるのです。

それを冷たく「待っていなさい」とか「うるさいわね」と言ってしかりますと、

赤ちゃんはきっと悲しい気持ちになるでしょう。

おまけにトイレから出たお母さんは、泣いている子どもに「ついてきちゃダメといったでしょう。聞きわけのない子ね」としかったらどうでしょう。

「ついてこないで」だけでも裏切られたと思っているのです。そのうえ「聞きわけのない子」「ダメな子」とお母さんにダメ押しされれば、いっそう突き放されたと思い込んでいちだんと泣きわめくことになって、母と子のよい関係を築くことができません。

もっともお母さんにすれば、家事に育児に忙しいさなか、トイレにまでもあと追いされるとついカッとしてしかったり、イライラするだろうと思います。


あと追いは、ほんの一時期のものです。

この時期お母さんは、ゆとりを持って赤ちゃんの希望をかなえてやってください。

指一本握らせてトイレへ連れていき、もし中まではいりたいといったらいっしょにはいってください。

ついてきたってちっともかまわないではないですか。

ついてきてそばで見ていてもいいではないですか。

こうお願いすると、

あと追いの要求をいちいち満たしていては、子どもの自立心が育たない、と心配するお母さんもいるでしょう。

しかしそれは逆です。

子どもはかなりの年齢に達するまで、お母さんに依存しながら、すこしずつ自立していきます。

幼いうちは、この度合いがひじょうに強いのです。

子どもの自立心は、

お母さんが自分を受け入れてくれたという自信から芽ばえます。

あと追いする子どもに

「またついてきて。ダメだといってるでしょう」

というしかり方を続けていると、

子どもは自分を愛し守ってくれると信じていた人から裏切られたように思い自信を失って、自立心の芽ばえが遅れるのです。

たとえば、

親の「待っててね」という希望にこたえられるのは二歳をすぎてから、「待ちなさい」としつけの形で親のいうことを聞き入れられるのは三歳をすぎてからです。

これは一応の目安ですから、子どもによってはもちろん早い遅いがあります。

しかし、親子の平和な関係が続いているなら、二歳ごろには「待っててね」三歳ごろには「待ちなさい」を聞き入れられるように育っているはずです。

お母さんは、この一時の子どもの要求をかなえてやるくらいのゆとりを持ってほしいと思います。

赤ちゃんにつきあいながら「いつになったら待ってくれるのかな」と子どもの自立を待ち望むお母さんのやさしさが、その後の育児にも大きなプラスになるのです。

生後まもない赤ちゃんとの添い寝は反対です

赤ちゃんの心の問題として、
添い寝がいいかどうかということがよく論議されています。
早くから大人と子どもは寝室を別にしたほうがいいという意見もあれば、
添い寝はけっして悪いことではないという意見もあります。
お母さんにしてみれば、どちらがいいか迷うことも多いでしょう。

日本でも欧米流の育児方法が輸入され、急速に普及したので、
日本流の添い寝も少なくなりました。
それまで赤ちゃんが夜中にお母さんに押しつぶされ、
窒息死する事故がかなりあったことも、添い寝が敬遠された理由の一つです。

添い寝について、私自身の考えをお話ししますと、
私も、お母さんと生後まもない赤ちゃんが同じ布団に寝るのは反対です。
オッパイを飲ませたら、同じ部屋でベビーベッドなどで離れて寝るほうがいいと
思います。

母親のやさしさと忍耐力がもっとも必要なのは、一歳半から二歳半の間ではないでしょうか。私はこの時期の育て方が子どもの将来に大きく影響すると考えるので、子どもをやさしく受け入れ、独り立ちを気長に見守ってやれる母親であってほしいと思います。この時期に母親に十分受け入れてもらえない子どもは、のちにさまざまな問題を起こすことが多いのです。

乳児期からずっとひとり寝をしていた子が、母親の布団にもぐり込んでくるようになるのも一歳半ごろからです。夢でも見て不安になるのか、ひとり寝ついていても夜半に目を覚ましたりするとかならずもぐってくるでしょう。そのようなとき、自分の布団に行きなさいと押し出すのはどうでしょう。

これは母親のあと追いと同じようなもので、不安になった心を落ち着かせたり、心を満たしてもらいたいという要求があるからでしょう。

あと追いと同様一時期のみですんでしまうなら、一歳半ぐらいからのそういう欲求を添い寝で満たしてやることは、子どもの心の安定のためにけっして悪いことではありません。よく添い寝の害として、子どもの自立心が育たないなどといわれますが、ある程度の年齢になると、子どもは自分から離れていくことが多いのです。いつまでも添い寝を続けるようなら、ほかに心の問題があるのかもしれません。

いっしょに寝た翌朝は「今夜はひとりで寝てくれる？　ひとりで寝られるわね」と大人ぶりたくなってきた子どもの気持ちを刺激してください。子どもの要求を満たしたあと、親の要求を出して、幼いながらも子どもに判断させるように、気長にしむけていくなら、またひとり寝ができるようになります。

言葉の遅い子

*言葉が遅いと、知能の遅れている子どもではないかと
気に病む両親がよくありますが、あわてて結論を出さないでください。
言葉の出方ほど個人差の大きいものはないからです。

知能の遅れのために言葉の遅いことはあっても、
逆に言葉が遅いから知能の遅れとはかぎりません。
また、自閉症の子どもの知識が普及してからは、自閉症児かもと心配されるお母さんも
多いのですが
親子の目と目がゆっくり合えば、まずは自閉症児ではないでしょう。

言葉が遅いようで気になるようでしたら、
歩き始めはいつごろだったか思い出してみてください。
誕生日前後から一年三か月前後にひとり歩きを始めているなら、
まず知能の遅れの心配はいりません。
こう書きますと、一年三か月をすぎても歩かなかった子どもは知能が低く、

そのために言葉も遅れていると思われるかもしれませんが、
ひとり歩きが遅いから知能が低いともいいきれないのです。
以前からいわれていたことですが、
三歳半まで言葉が出なかったのに、
出始めたら急におしゃべりになった子どももけっしてまれではありません。

歩き始めも遅く、言葉も遅く、
二歳になっても親のいうことが十分に理解できない場合は、
小児科医か児童相談所を訪ねることをおすすめします。
親の話すことが理解できるようなら、
急いで教え込もうとはしないで、言葉の出てくるのを待ってみましょう。

子どもに言葉を教えようとするお母さんがいます。
一つは子どもが話し始めたのがうれしく、
欲が出てもっと話せるようにしたいというお母さん。
もう一つが、言葉の遅いのを気にして教えようとするお母さんです。
言葉は早いにつけ遅いにつけ、
お母さんにとってはたいへん気になるものの一つですが、

ほとんどの場合、わざわざ練習させる必要はない、と私は思っています。逆に子どもを緊張させてなめらかに言えなかったり、つかえたりする場合があるなど、むしろ練習させることの害のほうが大きいとさえいえるのです。

もし言葉の教育を考えるなら、まわりの大人が正しい言葉で話すように心がけることです。子どもはわざわざ教えられなくても、親のすることをまねしながら、いろいろな能力を身につけていきますから、大人同士の会話も、子どもにとっては生きた教材の一つになるのです。とくに、ふだん話しかけてくれるお母さんの言葉から多くのことを学ぶでしょう。

ですから言葉の遅れが気になるようなら、ゆっくりとわかりやすく、もちろん正しい言葉で子どもに話しかけるように注意すれば十分でしょう。子どもがしゃべらないうちは、とかく会話のないまま過ごしがちです。水を欲しがるそぶりに黙って水を与えても用は足りますが、そのとき親は「水が欲しいのね」と話しかけてください。また、不正確な発音がなかなか直らず気になるときも、

子どもが「ブーブー」と言ったら、
「そう自動車ね」と正しい言葉で言いかえてやるだけでいいのです。
それではニャンニャンはネコ、ワンワンはイヌ
というべきかというとそうではありません。
赤ちゃん単語は、それなりに正しい発音で話しかけてくだされぱよいのです。

言葉に個人差のあること、
そして、言葉の出る出ないの境目は、ほぼ四歳と考えていてください。
よい結果が早く出るようにとあせるのは禁物なことを、
お母さんは知っておいてください。
繰り返すようですが、
言葉は普通の家庭環境であれば自然に覚えるものなのです。

（注釈）＊言葉
言葉とは、人間と人間が、おたがいに自分が頭の中で考えていることを表現して、コミュニケーションする手段なのです。子どもはそれを自然に学びます。
赤ちゃんはこの世に生まれ出ると、「オギャー」と産声をあげます。これは、出生とともに刺激によって反射的におこった呼吸運動によるもので、言葉とはいえません。しかし、産声は呼吸による空気の動きと、声帯の筋肉の緊張度によってつくられるもので、そのメカニズムからみると、声

の原型であって、言葉の発達につながります。

この産声と同じような泣き声も、生後一か月にもなると、意味がでてきます。泣き声は空腹や痛み、そして苦痛を訴えるものとなるのです。赤ちゃんは泣き声にたいする周囲の人の反応から、その泣き声の出し方を学ぶのです。そしてそれは人間のもつ高度精神機能のひとつ、すなわち象徴機能の芽生えでもあるのです。

生後二か月になると、赤ちゃんは泣き声とは別に、いろいろな声を出します。たとえば、「ア、ア」「オ、オ」「クンウン、クンウン」等です。日本人の赤ちゃんに、日本語にないような発音もみられるのです。これが喃語《なんご》というものです。人類進化の過程で獲得した、人類共通語なのでしょうか。

この喃語は、おっぱいを飲んでお腹がいっぱいのとき、入浴のあとのご機嫌のよいとき、壁の模様を見たりしているとき、ひとりごとのようにはなします。また、お母さんの語りかけに反応して、赤ちゃんは喃語を発します。さらに、赤ちゃんの喃語には場合による違いも出てくるのです。

言葉は、たんにお母さんの言語をまねることによって発達するのではありません。その折々の状況下で、子どもの体の動き、言葉、喃語を、お母さんが理解して、瞬間的に反応して、文章でフィードバックすることによって学びとるのでしょう。

（小林）

赤ちゃん用品の考え方

○おふろ

新生児期をすぎておふろをつかわせるには、
ご主人かだれか必ず手伝いがいると思っているお母さんがいます。
赤ちゃんをお湯の中に入れて、せっけんを体に塗ってそのあと洗い流す、
という西洋式入浴法を指導されているためではないでしょうか。
お湯の中でせっけんを使うと、
滑って赤ちゃんを落としはしないかと怖いのでしょう。
慣れないお母さんが西洋式で入浴させることはないのです。
はじめ赤ちゃんをタライの湯につけ、温まったら外に出して、
バスタオルの上にでも寝かせてせっけんを使ってください。
体のせっけんは、おしぼりを作っておいて
これで三回ほどふきとってごらんなさい。
そのあと湯が少しぬるくなっていたら、
タライにさし湯をしてから赤ちゃんをゆっくり入れます。

日本式は風邪をひかせそうに思えるでしょうが、すき間風の入らない部屋なら、冬でも絶対に風邪をひきません。

○せっけん

ベビー用せっけん、ベビー用入浴剤をはじめ、赤ちゃん専用の日用品が数多く市販されています。赤ちゃんにはなぜ、ベビー用でなければいけないかと考えたことがありますか。健康な、湿疹もできていない赤ちゃんに特別なせっけんはいりません。家族が使っているいちばん安価な（香料などないほうがいい）ごく普通のせっけんでよいのです。

入浴剤は、気候の乾燥している国では、赤ちゃんの皮膚からの蒸散を防いでくれるかもしれませんが、日本のように、平均して湿度が高い所ではまったく不要です。それにあまり早くから薬品を使うことは、あとになってそうした薬に過敏になることがあると皮膚科ではいわれています。ベビーオイルにさえも過敏になるといいます。

洗濯に合成洗剤を使うようになって、おむつかぶれが増えているとの報告もありますが、十分にうなずけることです。

このように、新生児の皮膚は無防備です。赤ちゃん用品は新しいものよりも歴史的に安全が証明されているものを使ってください。

○抱っこひも、おむつ、衣類など

赤ちゃんの股関節脱きゅうの多くは抱っこの仕方、おむつのあてかた、衣類の着せ方などによる後天性脱きゅうと考えています。

抱っこひもを使用するとき、ゼロ歳児、とくに六か月までは赤ちゃんは自然に股を広げたカエルの足のような開きかたをさせ、しかも両足を自由に動かせる状態にできるものを選んでください。

おむつには清潔で便利な紙おむつと、お母さんが赤ちゃんの排便を観察しやすい、昔ながらの布おむつがあります。

どちらを選ぶにしてもおむつ替えのとき赤ちゃんの股関節を広げたまま、両足を包まないようにあててください。両足を引っ張ったり、持ち上げたりせず、左右の足の裏を合わせるように赤ちゃんのお腹の方に軽く押して取り替えてください。


衣類の着せ替え、選び方も大切です。

カエルのように曲がっている足を無理に真っ直ぐさせようとしたり、この姿勢を無理に妨げる衣類は選ばないでください。

抱っこひもと同じく両足は自由に動かせることも、ゼロ歳児、とくに六か月までの赤ちゃんにとっては大切なことです。

○歩行器

赤ちゃんが〝ハイハイ〟をはじめると、歩行器を与える家庭があります。

しかし、この歩行器も使い方によっては問題が生じると、さまざまな角度から報告されています。

たとえば十分にハイハイしていない子は、

歩いたり走ったりできるようになっても、転んだとき手をつくことを覚えていないため、大きなケガをしかねないといわれています。

赤ちゃんが這《は》って、歩くという段階をふむのは、四足歩行の哺乳《ほにゅう》動物の時代から二足歩行になった人類の歴史を、短時間のうちに体験しているともいえます。

ですから、歩行器を使って、寝た状態からいきなり歩いたような錯覚を与えるのはどんなものでしょうか。

赤ちゃんには「首がすわる、おすわりする、はいはいする、つかまり立ちする、ささえ歩きする、一人歩きをする」という発達段階をきちっとふまえることは、とても大切なのです。

○ベビーベッドとベビーラック

ベビーベッドは、赤ちゃんがお母さんに夜中押しつぶされないよう安全確保のためにも大切です。

ベビーラックは、室内の移動がたやすく、お母さんが家事などしながらそばで見守ることができる便利な赤ちゃん用品です。

どちらも六か月までは、お腹を圧迫しない平らな姿勢で仰向《あおむ》けに寝かせてあげてください。

胎内にいる頃の赤ちゃんは「どんぶらこ、どんぶらこ」とゆっくり、ゆっくり動きます。

ゆりかごのように動くものであれば
赤ちゃんにとっては大きな揺れや早い揺れではなく、このゆったりしたリズムがちょうどいいのです。

◯ベビーカーとチャイルドシートについて
赤ちゃんは大人の縮小版と思われがちですが、生きるためのいろいろな機能は未熟で、扱いを間違えると、後々、それが後遺症となる場合があります。
たとえば、赤ちゃんの頭部は相対的に重く、それを支える首の筋肉も弱いため、事故のとき体の他の部位より衝撃を受けやすいのです。
さらに、脳を保護する頭蓋骨《ずがいこつ》や脳血管は、構造的、機能的にまだ完全ではありません。

ゼロ歳児、とくに六か月までの赤ちゃんは、
万一、縦抱きにした場合、前後に強くゆすると、ときとして脳出血を起こして後
遺症が出たり、さらに死亡することさえあるといわれています。
このことは、あやすつもりであっても、
お父さんの強い力で赤ちゃんを前後に揺さぶったりしたときや、
車の急ブレーキや急発進、長時間のドライブなどでも
チャイルドシート内の赤ちゃんの頭が
前後に強くゆすられるときにおこることも考えられます。

また、赤ちゃんは、男の子も女の子もおなかをふくらませて息をする腹式呼吸*ですか
ら、おなかがふくらむのを妨げないことが大切です。
健康な赤ちゃんでも鼻がつまりやすいうえ、
うつ伏せ寝やおなかを圧迫するような姿勢で寝かせると酸素欠乏状態になります。
そういった場合、突然に心臓停止がくることも考えられます。

このようなことを考えると、
ベビーカーでもチャイルドシートでもゼロ歳児、とくに六か月までは、
おなかを圧迫しない平らな姿勢で

仰向けに寝かせてあげてください。
動きが活発になる六か月以降も、
前述した生理的な特性がまだ残っているので、
赤ちゃんが眠った場合は、
やはりおなかを圧迫しない平らな姿勢で
仰向けに寝かせてあげてください。

チャイルドシートは、そういった赤ちゃんの生理的な特性を十分に考え、
本当に赤ちゃんを守るべきものであるべきです。
一般財団法人 製品安全協会　ベビーカーSG基準の
A型ベビーカー、B型ベビーカーの背もたれ角度や使用時間は、
チャイルドシートにも十分参考にできます。
ほぼ同じころの赤ちゃんに使用するものですから、
それを十分に参考にして応用してください。

幼い子どもを総称してチャイルドと言いますが、
私は、「チャイルド」は幼児期の子どものことを指し、
「ベビー」はゼロ歳児のことを指すと考えています。

「チャイルドシート」という言葉は、
「ベビー&チャイルドシート」という方がより適切ではないかと思います。

赤ちゃん用品は使いやすくて、
しかもそれが赤ちゃんの生理や発育の障害になってはならないのです。

（注釈）＊腹式呼吸
　呼吸をする肺と、循環をつかさどる心臓は胸部にあります。この胸部を守る役目をしているのは肋骨《ろっこつ》です。赤ちゃんの肋骨は横隔膜にほぼ平行して水平で、大人がスーッと息を吸い込んでふくらんだときの胸郭の状態とそっくりです。つまり胸だけを使う胸式呼吸では、これ以上吸気することができない状態です。そのため赤ちゃんは腹部をふくらませたり、へこませたりする腹式呼吸を行います。

（小林）

うつぶせ寝と突然死

いま日本では、*うつぶせ寝で育てると、
頭の形がよくなるとか、首が丈夫になるとかいう方も、一部にいるようです。
実はこれは、とても大きな問題をはらんでいるのです。

うつぶせ寝の方が泣かないということがあるのですが、
自宅では、泣けばすぐに抱いてあげればいいのです。
抱かない、ということを前提にした育児を考えているものですから、
「うつぶせ、うつぶせ」というのです。
お母さんが、お産や育児で肉体的にも精神的にも疲れると、
それが母乳の質に影響します。
たくさん飲んで、げっぷがよく出る「良いおっぱい」が出にくく、
お乳を飲ませた後泣いて、ぐっすり寝ないことがあります。
確かにうつぶせ寝にすると、
お乳をあげた後に赤ちゃんが感じる不快感を防げるから、
泣かない、ということがいえます。

しかしこの不快感は、スリーマンス　コリックといわれる言葉のとおりひどいのはせいぜい四週間くらいで、三か月過ぎれば自然に消えます。ゆったりした気持ちで、もっと抱っこしてあげましょう。
ごく最近では、アメリカでも百八十度方向が変わって「抱け抱け」といいだしました。

うつぶせ寝だと、だいいち手足の関節の運動が自由にはできませんね。
それから、日本人などは、
ことに鼻のつまりやすい赤ちゃんが多いのです。
鼻がつまりやすいというのは、
その状態が少し続きますと、酸素不足になるわけです。
酸素不足がある程度続きますと、
突然、心臓停止がくることも考えられます。
これが、突然死です。
鼻づまりがある、そこへ今度はうつぶせ寝となると、
いよいよ、酸素欠乏が心配されます。
突然死は、窒息死との違いやその見極めが、
現段階では医学的にも非常に難しいのです。

うつぶせ寝そのものが原因だという証明はされていませんが、
突然死した例は、欧米では多いのです。
少し鼻づまりでもあったら、うつぶせ寝は絶対にしてはいけません。
七、八か月になると、自分でうつぶせになることがありますが、
自分でやるぶんには何も問題はありません。

頭の形がよくなるとか、首が丈夫になるからとかの、
一部の流行に走って、一生消えない嘆きをすることのないように、
わたしの思い過ぎであることを願って、
お母さん方に、ぜひ、お話ししておきたかったことです。

（注釈）＊うつぶせ寝

乳幼児突然死がうつぶせ寝の赤ちゃんに多いことがデータで示されてから、アメリカ小児科学会が一九九四年に"Back to sleep"赤ちゃんを仰向けに寝かせるキャンペーンを始めて、世界中で赤ちゃんの突然死が激減しました。それはうつぶせ寝の赤ちゃんは、「眠った時に起こる無呼吸から自分で恢復《かいふく》する覚醒反応が遅れるので突然死を引き起こす」ことが、ヨーロッパの研究から明らかになったからです。日本でも厚生省乳幼児突然死症候群研究班の班長であった仁志田《にしだ》博司《ひろし》 東京女子医大名誉教授達が同様なことを示し、少なくとも生後六か月まではうつぶせ寝にしないよう指導しています。（小林）

赤ちゃんの脳と心の発達
——自発的に起こる行動を抑えつけない

　脳が働くということは、その神経の細胞の中で起こった一つの化学、物理的変化を、あちこちにある体の部分に伝えることができてこそ、脳の働きとして認めることができます。神経細胞の中に起こった弱い物理化学の変化は、電気となって、神経細胞から生え出した細い長い繊維を伝ってゆくのです。

　生まれてすぐは、一部の場所のものを除いて、多くの繊維は、あたかも裸のままの電線が地中にあるのに等しく、たとえ細胞から電気が伝わろうとしても、皆途中で消え去ってしまいます。しかし、命を守るのに必要なところは、神経繊維から電気が漏れて消えてしまわないように、繊維が裸でなく被覆されていて、この部分の脳の働きは、伝えることができて働けるようになっています。

生まれた直後から、空腹を感じると、
それを満たすべくお乳を求める信号を出し（涕泣《ていきゅう》）、
お乳を探し、吸うという行動をします。
このように、空腹になれば本能的に行動をするのです。
よく本能的などといい、
乳児が出生後直ちに教えられなくともお乳を吸う行動を
本能の働きだとしています。

大脳を縦に切ってみると、
白い厚い部分と、薄いやや灰色に見える部分があります。
表面の色は、やや灰色に見える厚さ二㎜くらいの層です。
これを脳皮質といいます。
この灰色の薄い層の中に、
百四十億あるいは二百億という脳神経細胞があるのです。
この皮質は、
さらに新皮質と称する部分と旧皮質と称する部分に分けられます。

本能的な働きをする部分は主に旧皮質といわれるところにあります。旧皮質は、種々の動物の脳の大部分を占めていて、だんだん高等動物になるにつれて新皮質が多くなり、霊長類からさらに人間に至って、新皮質がもっとも多くなっています。

知・情・意で表される高等な精神作用を行う新皮質は、一部を除いて活動できるまで発達していません。時期がくるまではあまり活動できないで休んでいます。

温感や触覚、視覚、聴覚、嗅覚、味覚などの、末梢神経が感じた外界の情報を最初に受けとめるのは、脳幹にある間脳です。旧皮質は、間脳からの情報を受けて、間脳にある呼吸や心臓、その他の生命維持の中枢に働きかけ、自律神経やホルモン系を調節するのです。

つまり、
間脳のいろいろな中枢の働きによってとらえられた、体の調子の情報が、本能の中枢に伝えられて、人間は健康状態を保つわけです。
旧皮質と脳幹とのつながりは、

「心と体のつながり」ともいえるでしょう。

生まれてまもない間は、生命維持に最小限度に必要な本能の活動は、この旧皮質の脳幹の、視床の働きかけを受けて、本能行動として空腹の不快感を、泣くことで表しています。

ところが、脳幹にあるいろいろな旧皮質からなる中枢から、本能に情報が伝わり、それが行動となる場合、まだ、おのおのの中枢の分化が正確にできていないので、一つの中枢が刺激されて働くと、近くにある他の中枢もつい働いてしまうことが多いのです。

このことは、月齢、年齢が低いほどしばしば見られます。たとえば、咳《せき》の中枢と、おう吐の中枢は近所にありますが、乳児は咳をする時、ことに強い咳をしていると、咳の最後には、よくおう吐を起こします。

大まかにいえば、旧皮質の働きは、

さらに高等な働きをする新皮質の働きができる年齢になると、ここで統御され、本能の自分勝手な働きは抑えられるということになります。

新皮質の働きを脳波によってうかがうと、二か月までは、まずひじょうに軽微です。三か月になると少し活動が見られ、さらに一年、一年六か月とすすむにつれて、活動は著しくなってきます。そして新皮質の活動がそろそろ活発になるころ、旧皮質の本能との葛藤《かっとう》が起こり始めます。

また、母親や父親による、本能への抑圧が加わってくるころになると、その抑圧に反抗して自我を守ろうとする働きが、本能にわいてきて、これが子どものストレスとなります。

本能の働きが、絶えず抑制されるとストレスが起こり、本能と密接に関係する脳幹の自律神経の中枢が乱され、いわゆる自律神経失調症や、また、間脳の働きも悪くなり、たとえば視床下部の食欲中枢が乱れて、空腹であり、食べるはずなのに、いっこうに食事をとらないことが起こったりします。

このように、旧皮質の間脳および大脳辺縁系は、生後の子どもの生活の主役を演じているのですが、絶え間なくこの間脳と、ことに旧皮質との関連の、機能の発達には注意してゆかねばなりません。

脳の発達とは、今までは、繊維が裸であったものが、被覆されることと、もう一つは、他の脳神経細胞から伸び出してきた神経の繊維とからみ合い、つながり合うことです。

大人のしかる態度や、怒った声などに、恐れの感情を顔や態度に表現してくるのは、およそ五か月ごろからで、それまでは快と不快の中枢の働きで微笑や高笑いという反応しかありません。怒りの感情も割に早く表れます。

間脳にある、これらの種々の中枢の発達は、生後の年月の経過と、それを促す栄養および環境によって促進もされ、また、遅延も起こります。

人間が発達してゆくとき、そのもっとも発達しやすい時期、あるいは受け入れに最良な時期というものがあるとされています。かむことを六～七か月ごろにさせないで、流動食のみを与えておくと、固形食を与えることがひじょうにむずかしくなります。体の準備ができた部分は、それをどんどん使うようにしてやり、過保護にならないためにも、できるようになったことは自分でさせてやることが重要なことです。

感受性の高い時期に、それぞれの刺激を外から与え、自発的に起こる行動を抑えつけなければ、神経の髄鞘化《ずいしょうか》、すなわち神経の働きはたいへんよく発達することになるのです。これがゼロ歳から一歳の子どもにもっとも大切なことといえるでしょう。

また、情緒面の感受性の高い時期は、一歳半から二歳半までの一年間であり、この時期に、豊かな人間性を与えることが、たいへん重要です。

第五章
赤ちゃんのしつけ

ゼロ歳から一歳過ぎのしつけは、「まなかい抱っこ」だけで十分です

小児科医約六十余年の間に、私が得たことは、「乳幼児のしつけ方は年齢によって違えなければならない」ということでした。

子どもの成長には、いくつかの節があるので、それにつれてやることです。

母親に依存のゼロ歳児と、
自我の心が出る二歳児と、
反抗行動の三歳児と、
なぜかということがわかり始める四歳すぎでは、
子どもの脳の発達程度が明らかに違います。
それに合わせてしつけ方も区別しなければ、
せっかくの円満な脳の伸び方を、
ゆがめたものにしてしまう危険があるようです。

現在は、この年齢によるしつけの違いがわからず、

四歳すぎの子どもに使うべき「いけません！」という禁止の言葉を、ゼロ歳の、ハイハイするころから使っています。

小さいときから「いけません」を聞かされて育つと、いつしか母親の言葉は子どもの耳を素通りしてしまうようになります。四歳をすぎて「いけません！」といくら強く言っても、もう効きめがなくなってしまっています。

それればかりか、母親の話しかけるすべての言葉に十分注意を向けない子どもに育ってしまうでしょう。

どうしてこんなに言うことを聞かない子になったのかと、子どもを責める前に、今までやってきた誤ったしつけ方を反省してください。

社会生活に参加して、貢献できる人間になるよう、まず家庭で、その脳の発育に応じた働きかけが親としてのしつけでしょう。

現在目の前にいる子どもには、その場その場でのしつけも必要ですが、それはあくまでその子の自発的な自己統制（セルフコントロール）を強めるものであってほしいのです。

それを行うには、ゼロ歳児にも五歳児にもいっしょくたでは困ります。

年齢を無視して行いがちのしつけを反省してください。

たとえば「いけません！」は

どうしてとか、なぜとかの質問の始まる四歳をすぎるまで、

大事にとっておいてください。

何度も書いてきましたが、

ゼロ歳から一歳過ぎのしつけは、お母さんと赤ちゃんの目と目による対話をしながら「まなかい抱っこ」だけで十分です。

たとえ、いろいろ気になることがあったとしても、

それはゼロ歳から一年半くらいまでの発達過程にだれしもやる過程と思って、

あまりやきもきしないでよいのです。

おだやかな母親の目つき、顔つき、

それに肌で接して、子どもは「あたたかい心」を肌から吸収していきます。

そして、母と子の心が通い合って信頼関係が育ちます。

と同時に、目、耳、皮膚の感覚を用いて、脳は刺激され発達してゆきます。

それができてこそ、二歳からの自発的自己統御のしつけが有効になるのです。

甘え泣きされたとき

いわゆる〝甘え泣き〟は、生後四か月くらいから始まります。
一人で放っておかれると、
おなかがすいたり、気分が悪いとかどこか痛い、
というわけでもないのに泣き出すのですが、
これは「自分をかまってほしい」と赤ちゃんが甘えていると考えられます。
こういうときは、抱き上げると、ぴたりと泣きやみます。
用心しないと、このあたりからいわゆる「抱き癖」が始まります。

この甘え泣きをどう扱ったらよいか、ということですが、
のちのちの育児を考えると、
この時期、甘えをすべて受け入れてやるのも、すべて突き放してしまうのも、
どちらもけっして好ましくありません。
いつもいつも抱っこしてやれば、
それこそ抱き癖がついてしまう心配がありますし、
かといって、甘え心をまったく満たしてやらないと、

赤ちゃんの情緒の形成に悪い影響を残すこともあります。

赤ちゃんの甘えにもこたえ、しかも、甘えが癖にならないようにするために、私がいつもお母さん方におすすめしているのは、甘え泣きしたときは、赤ちゃんのそばに行って、笑顔を見せてやるという方法です。

抱き上げてあやさなくとも、やさしく笑いかけながら、じっと目を見つめてやればいいのです。お母さんの笑顔を見ると、赤ちゃんの気持ちも落ち着き、やがて泣きやみます。

ただ、このとき、あまり大きな声でせわしく話しかけないように注意してください。耳からの強い刺激は、赤ちゃんを興奮させやすいからです。話しかけるなら、できるだけおだやかに声を出すような注意が必要でしょう。

もっとも、同じ甘え泣きでも、ひどく泣くようなときは、抱くのもやむをえないでしょう。

このときも、泣きやんでふたたび寝かせたあとで、しばらくはやさしい気持ちで赤ちゃんの目を見てやることが大事です。

こうすれば、次に泣いたときは、もう抱き上げる必要はありません。

こうして、一つのけじめをつけるのも、育児では大切な点なのです。

いちばんいけないのは、泣き出したらすぐ抱き上げ、泣きやんだらベッドにおろして、さっさとベッドのそばを離れてしまうことです。

一度は泣きやんだものの、赤ちゃんには、もっとかまってほしいという感情が残っているので、またまた泣き始めます。

大切なのは、お母さんがちょくちょく赤ちゃんに笑顔を見せてやるゆとりをもつことです。

泣くたびにそばにいってかまっていては、依頼心の強い子になりはしないか、甘やかし過ぎではないかと思われるかもしれませんが、それは逆で、自分にいつも愛してくれる人がいる、自分を常に受け入れてくれる人がいるという安心感から、自信につながる心が育ちましょう。
赤ちゃんは、むやみに泣かなくなります。

つまり、三か月をすぎたら、
ぼつぼつ育児のけじめを考えて赤ちゃんとつきあってください。
あるときは抱き上げてゆっくり遊んであげたり、
ベッドのそばであやしてあげるときもあったり、
一人遊びをさせるときもあったりというように、
親がけじめを持って赤ちゃんとつきあうようにすると、
赤ちゃんの生活に自然とリズムができて、
赤ちゃんをまじえた家庭生活がとても快適になります。

七～八か月からけじめをつけて

お座りができたり、ハイハイができるようになると、動作や表情はますますかわいらしさを増してきます。一人遊びをしている横顔をつついてみたり、思わず抱き上げてほおずりしたくなるでしょう。

これは親の自然な愛情ですが、赤ちゃんも一日のうち、ある時間くらいは一人遊びで学びたいという欲求が強くなり始める七～八か月になったら、親は自分の都合本位で赤ちゃんの相手をしてはいけません。

ダッコと手を出してきても、今は抱けないとか、抱かないほうがよいと判断したら、どんなに泣かれても抱かないことです。ビスケットをもっと欲しいとねだられても、「あとで」と一度断ったときは、けっして途中で折れてはいけません。

おばあちゃんがいらっしゃると、かわいそうにと言われるかもしれませんが、
赤ちゃんの将来を考えて、
どうか両親の「けじめ」に協力していただきたいと思います。
赤ちゃんを迷わせないために、その場は母親の方針に合わせ、
考え方の違いは、赤ちゃんのいないところで話し合ってください。
両親に意見の違いのあるときも、
その場では母親に合わせていただきたいと重ねてお願いします。

赤ちゃんは千差万別で、
扱いやすい子もいれば、願いがかなわないとギャアギャア泣き叫ぶ子もいて、
口でいうほど「けじめ」をつけるのは簡単なことではないでしょう。

扱いにくい赤ちゃんは、
さまざまな悪条件がかさなってそうなったのですから、
けっして短気を起こさないで、
赤ちゃん自身が泣きながら気持ちを落ち着けるのを
じっと待ってあげてください。

そして、泣きやんだとき、
お母さんはやさしい気持ちといっしょに笑顔を
赤ちゃんに見せてあげてください。
お母さんの落ち着いた温かい雰囲気が、
ギャアギャア泣くのを次第に少なくしていきます。

『新「育児の原理」あたたかい心を育てる　幼児編』に続く。

年齢別育児のワンポイントアドバイス

実際に子育てがはじまると毎日が大変で、ゆっくりと育児書を見ながらというわけにはいきません。

そこで、年齢にそったワンポイントアドバイスをまとめておきますので、子どもの成長の特徴に応じた心がまえを覚えておいてほしいと思います。


ただし、その際に気をつけたいのは、子どもの成長の度合いは百人百様で、どの子どもも定規で測ったようには育っていきませんから、あくまでもだいたいの目安として覚えておいてください。

歩きはじめるのが早い子どもがあれば、言葉の早い子どももいます。いたずらに他の子どもと比較をして、むやみに焦ったりする必要はありません。

少々成長のゆっくりな子どもでも、「うちの子は大器晩成型なんだわ」ぐらいの、大らかな気持ちで見守ってあげてください。

○赤ちゃん期〔乳児期のゼロ歳児から一歳半頃〕

この頃の赤ちゃんのしつけは愛情を伝えるお母さんと赤ちゃんの目と目の対話をしながら「まなかい抱っこ」だけで十分です。優しい「まなざし」は与え過ぎることはありません。そして、五か月まではできるだけ、スキンシップをしながら母乳をあげてください。

○幼児期前期〔二歳前後〕

心の傷跡が残りやすいこの頃の幼児のしつけは、命令や否定ではなく「あなたならできるよね」と子どもの目を見てお願いしてください。まだやっていいことと、そうでないことの区別が自分ではつきません。この頃の子どもの大切な自我の芽を抑えないでください。

○幼児期後期〔三歳前後〕

三歳前後からは命令するのではなく、「子どもの目に訴えるしつけ」をしてほしいものです。まだ、「ダメ」という言葉でのしつけは通じません。けれども、お母さんの目や態度でイエス、ノーの判別ができるようになります。お母さんは意識的に子どものお手本となるような生活態度を心がけてください。

○前学童期〔四歳前後から小学校入学前〕

四歳前後からは「言葉によるしつけ」の始まりです。なぜ？　の因果関係がわかるようになり、心やからだを自分の意思でコントロールできます。そろそろ「ダメ」という言葉で、どうしてダメと言われたのか簡単なことがらがわかります。

○小学校低学年期〔一・二・三年生〕

まだ幼児のなごりがありますが、自分でやる気を起こさせてください。手伝ったりしないでください。

その代わりに子どもが試行錯誤の結果「コト」を成し遂げたと思われたら心の底から喜んであげてください。子どものいろいろな能力を引き出し伸ばすのに大切なことです。

二歳前後から小学生ごろまでは続けてあげてください。

お母さんの笑顔が何よりも子どもの励ましになります。

慣れない学校生活で、ストレスがたまりやすいときです。気をつけて観察を。

○小学校高学年期〔四・五・六年生〕

知的な面の発達がすすみ、理屈っぽくなることを知っておいてください。

また、自我が確立しはじめ、自尊心がでてきます。

○前期思春期〔中学生〕

ホルモンの急激な変化により、情緒的に激しやすくなります。

しつけの主役は、お母さんからお父さんに移ります。

○後期思春期〔高校生から成人になる前段階〕

心身ともに成人となる準備の時期です。

このころ、もっとも両親の、ことに父親の生活態度が子どもに反映されます。

むすび

むすび

そのまま世に埋もれてしまってもいいなぁと思っていたら、アップリカ育児研究所の、葛西健蔵　理事長に、私の書いたものを見つけていただいて、これを、一冊の本にしようと発想されたことは、最高に有難いことです。これまでにいろいろな本に私が書いたものを、この本のためにときほぐして、共通のものを拾いだし、一冊にまとめてくださった方々本当に多くの方々に情熱を注いでいただいたのが、あまりにも有難すぎるようで……。それが偶然、非常に子どものことに関心のある方の集まりになりましたものね。この本はまさに、その方たちの善意とご厚意の結晶です。みなさん、お母さんの悩みに元気をつけてあげたいというようなお気持ちのある方ばっかりです。

育児に行き詰まったお母さんが、わたしの本を読んでホッとするとおっしゃってくださいます。この本は、いわばその「ホッとする」の集大成ですから、ずっと読んでいただいたら、それこそ、ホッとしていただけるんじゃないかと思います。ある方からお手紙を頂戴しました。その方の手紙に、ちょっと不安があると何回でも読みなおして、非常に有難いと思ったと、こうおっしゃっていましたが、わたしにはそれが有難かった。

何遍でも、つっかえたら読んでいただくのが、わたしの願いです。それで、本当のことがわかっていただけるだろうなと思っております。

文字の組み方も、お母さんが読みやすいように、心を落ち着けて読んでいただけるようにと考えられています。

また、立派な先生方から、もったいない推薦文をいただきました。心から、感謝申し上げます。励ましていただいて、本当にありがとうございました。

こんなに多くの善意の方に囲まれて、一生の幸せでございました。

最後に、この本ができるのを楽しみにしていた家内が、出来上がるのを待たずに逝ってしまいました。この頃ときどき、自分が少しでもお役に立つことが、言えたり、出来たりしたのは、黙って好きなようにさせてくれた家内が、大変な励ましになったのじゃなかろうかと思っています。みなさんに本まで作っていただいて、家内は家内で、安心して逝きましたし、恵まれたものでございます。この恵まれたのを、一人でも多くのお母さんに、そしてまた、お母さんが子どもに伝えていただきたいと思います。

内藤寿七郎

内藤 寿七郎　略歴

1906年	10月23日生　出身　東京都
1931年	東京帝国大学　医学部卒業
1931～38年	東大小児科教室勤務
1938年	恩賜財団母子愛育会 愛育研究所員　同附属病院小児科医長
1943年	同研究所保健部長
1949年	日本赤十字社中央病院　小児科部長
1956年	愛育病院院長 並びに愛育研究所所長を就任
1960年	厚生省中央児童福祉審議会　委員
1967年	保健文化賞
1968年	藍綬《らんじゅ》褒章を受章
1977年	愛育病院名誉院長
1981年	慶応健康相談センター　常任顧問
1984年	公益社団法人　日本小児科医会初代会長
1987年	内藤育児記念会　最高顧問
1992年	シュバイツァー博愛賞受賞 国連環境計画　特別顧問 日中育児研究会会長
1997年	日本小児科医会名誉会長
2007年	百一歳で天寿を全《まっと》うされる

内藤寿七郎博士は、
'92年度
シュバイツァー博愛賞を
受賞されました。

シュバイツァー博愛賞
Albert Schweitzer Humanitarian Award

アルバート シュバイツァー博士(1875～1965年)の偉大なる業績を称《たた》え、1968 年設立された人間行為財団(Human Behavior Foundation)が、1986年に創設した賞……それが、シュバイツァー博愛賞です。

とくにこの賞は、人間の向上と人間の理解を深めるためにたゆまぬ努力をし、すばらしい実績をあげられた人物、世界的な社会貢献をされた人物にのみ授与されます。これまでの受賞者7名のうち、チベットの第14世ダライラマ聖下、南アフリカのツツ大主教、コスタリカのアリアス大統領がこの賞と相前後して、ノーベル平和賞を受賞されています。

内藤先生が受賞者として選ばれたのは、60年を越す小児科学を研鑽《けんさん》され、小児医療と保健を幅広く指導されてきたことが高く評価されたからに他なりません。

内藤寿七郎　著作物・参考・引用文献一覧（50音順）

『愛育班育成者必携』（監修）　恩賜財団母子愛育会
『愛育班員必携』（監修）　恩賜財団母子愛育会
『赤ちゃんの命を守る母乳のはなし』　同文書院
『赤ちゃんの応急手当豆事典』　健友館
『赤ちゃんの心理』　ごま書房
『赤ちゃんの病気の見つけ方・治し方』　健友館
『赤ちゃん百科』（改訂版）（共著・監修）　保健同人社
『お母さん大丈夫、あなたが育児の主役です
——0歳からの母と子の〝愛の育児書〟』　ごま書房新社
『ことばの誕生』（共著）　同文書院
『こどもの心を育てる・第四集』（共著）　日本放送出版協会
『最新育児学』（共著）　安田生命社会事業団
『最新助産学』（共著）　同文書院
『出産と育児の百科』（共著・監修）　医学書院
『子どもの「花」が育つとき
——21世紀をになう子どもたちへ！　語り伝えたい、育児メッセージ』　小学館

『新生児の神経発達』（監修）　日本小児医事出版社
『トーマス博士の育児書』（共訳・監修）　文化放送開発センター出版部
『内藤寿七郎博士のちょっと気がかり赤ちゃん相談室』　三笠書房
『内藤博士の愛の育児書』　ごま書房
『乳児保育』（監修）　健帛社
『乳幼児保健指針』（共著）　日本小児医事出版社
『保育所の０・１・２歳児保育』（監修・著）　川島書店
『やさしい子どもに育てたい』　広池学園出版部
『幼稚園児をもつ若い両親へ』　三笠書房
『リー・ソーク博士の育児書』（監修）　ＴＢＳ出版会
『離乳と離乳食』　日東書院
『若い両親へ』　三笠書房
『わが子の健康食』（共著）　ベストセラーズ

小林登　著作物・参考・引用文献一覧（50音順）

『赤ちゃんの誕生――母と子のきずな――子どもと教育を考える11』　岩波書店
『新しい子ども学Ⅰ育つ Ⅱ育てる Ⅲ子どもとは』
小嶋謙四郎　原ひろこ　宮澤康人（編）　海鳴社
『育児の人間科学』　日本評論社
『いっしょに考える子ども虐待』（監修）　明石書店
『子ども学』　日本評論社
『子ども学のまなざし――「育つ力」と「育てる力」の人間科学』　明石書店
『こどもは未来である』　メディサイエンス社（文庫版：岩波同時代ライブラリー）
『続こどもは未来である』　メディサイエンス社
『子どもは未来への旅人
――教育のヒューマンサイエンス』　東京書籍
『コミュニケーション革命と文化――来るべき情報文明に向けて』
放送文化基金・国際コミュニケーション基金・電気通信普及財団・マルチメディア振興センター
『社会人間学』　田村貞雄（共著）　成文堂
『新小児医学大系全41巻』（共編）　中山書店
『育つ育てるふれあいの育児～胎児期からの子育て～』　TBSブリタニカ

『育つ育てるふれあいの育児~胎児期からの子育て学~』 PHP研究所
『育つ育てるふれあいの子育て~胎児期からの子育て学~』 風濤社
『胎児は見ている』 T・バーニー（訳） 祥伝社
『泣いている赤ちゃんが泣きやむ185の方法』
ジュリアン・オレンスタイン、和田まゆ子（訳）（監修） 祥伝社
『20世紀後半の小児科学を考えるKoby's Note』 東京医学社
『母学 Motherology――赤ちゃんを知る。そして母になる。』
アップリカ育児研究所
『ヒューマンサイエンス』（全五冊） 石井威望、清水博、村上陽一郎（編）
※毎日出版文化賞受賞 中山書店
『病院におけるチャイルドライフ――子どもの心を支える〝遊び〟プログラム』
リチャード・H・トムソン、ジーン・スタンフォード（監修） 中央法規出版
『風韻怎思（ふういんしんし）――子どものいのちを見つめて――』 小学館
『小児科医がすすめる母乳哺育法』 主婦の友社

参考・引用文献一覧（50音順）

『アインシュタインの逆オメガ――脳の進化から教育を考える』　小泉英明　文藝春秋
『赤ちゃんの心と出会う――新生児科医が伝える「あたたかい心」の育て方』
仁志田博司　小学館
『スマホに子守りをさせないで！』　公益社団法人日本小児科医会
『「多動性障害」児――「落ち着きのない子」は病気か？』
榊原洋一　講談社
『チャイルドシート内における
健康な早産の新生児と正期産新生児の呼吸不安定』　研究論文
アメリカ医学雑誌PEDIATRICS（vol.108　2001年Merchant他）
『低酸素状態が小児の認知能力に及ぼす影響』　研究論文
アメリカ医学雑誌PEDIATRICS（vol.114　2004年Bass他）
『はじめに読むADHD（注意欠陥多動性障害）の本――発達障害を正しく理解する』
榊原洋一　ナツメ社
『母乳育児に関する報告書　2016年5月12日』　公益社団法人日本WHO協会

編集協力者

『育児の原理——あたたかい心を育てる』

企画担当
郡司修三　吉田宏道　北佳子　出口治三
新田祐士　豊田哲郎　上田健二郎　亀井雅之

編集担当
森下舒弘

編集準備担当
森田敬子　井上昌子　谷本恭子　山根伊津子　芝田武志

文章原稿担当
辰巳道子　松下清子　佐々木久子　市井忠夫

『新「育児の原理」 あたたかい心を育てる』

制作プロデューサー
川崎嘉之

監修担当
田村裕子　山本克美　前田真里

編集担当
山本克美

クリエイティブ ディレクター 兼 編集者
葛西康仁

監査
山田昭三

特別協力
社会福祉法人 松稲会　マザーシップ保育園
一般財団法人　あたたかい心を育む　生命感動「幸せ学」財団

Special thanks to

クリエイティブ ディレクター　エディター
葛西康仁　Kassai Yasuhito

1953年大阪生まれ。上智大学外国語学部卒。
アップリカ育児研究所 代表取締役社長。
世界で初めて生まれた
「父が子どもを抱きしめる服ペルパパ」で
イタリア コンパッソ・ドーロ賞ファイナルノミネート、
日本ではグッドデザイン賞を受賞。
マスメディア広告では2002年から
5期連続で毎日広告デザイン賞。
広告電通賞など多数のデザイン・広告賞を受賞。
2016年 東京藝術大学 社会連携センターと
第一回「母学」会議を共催、主宰を務める。
2017年『新「育児の原理」あたたかい心を育てる』
クリエイティブディレクター 兼 編集者。

『育児の原理—あたたかい心を育てる』は1989年、アップリカ育児研究会が内藤寿七郎博士の書かれたものを集大成して刊行。2013年、小林登博士の監修のもとアップリカ育児研究所より『新「育児の原理」あたたかい心を育てる』として刊行されました。さらに同社より、最新の医学に基づき改訂された『新「育児の原理」あたたかい心を育てる』を2017年に刊行。同書の刊行に合わせ「赤ちゃん編」「幼児編」として二分し、文庫版として刊行いたしました。

新《しん》「育児《いくじ》の原理《げんり》」あたたかい心《こころ》を育《そだ》てる

赤《あか》ちゃん編《へん》

内藤寿七郎《ないとうじゅしちろう》
小林《こばやし》 登《のぼる》＝監修
アップリカ育児研究所《いくじけんきゅうじょ》＝編

平成29年 4月25日　初版発行
令和6年 11月25日　4版発行

発行者●山下直久

発行●株式会社KADOKAWA
〒102-8177　東京都千代田区富士見2-13-3
電話　0570-002-301(ナビダイヤル)

角川文庫 20314

印刷所●株式会社KADOKAWA
製本所●株式会社KADOKAWA

表紙画●和田三造

●お問い合わせ
https://www.kadokawa.co.jp/（「お問い合わせ」へお進みください）
※内容によっては、お答えできない場合があります。
※サポートは日本国内のみとさせていただきます。
※Japanese text only

ISBN978-4-04-400265-7　C0177

角川文庫発刊に際して

角川源義

第二次世界大戦の敗北は、軍事力の敗北であった以上に、私たちの若い文化力の敗退であった。私たちの文化が戦争に対して如何に無力であり、単なるあだ花に過ぎなかったかを、私たちは身を以て体験し痛感した。西洋近代文化の摂取にとって、明治以後八十年の歳月は決して短かすぎたとは言えない。にもかかわらず、近代文化の伝統を確立し、自由な批判と柔軟な良識に富む文化層として自らを形成することに私たちは失敗して来た。そしてこれは、各層への文化の普及滲透を任務とする出版人の責任でもあった。

一九四五年以来、私たちは再び振出しに戻り、第一歩から踏み出すことを余儀なくされた。これは大きな不幸ではあるが、反面、これまでの混沌・未熟・歪曲の中にあった我が国の文化に秩序と確たる基礎を齎らすためには絶好の機会でもある。角川書店は、このような祖国の文化的危機にあたり、微力をも顧みず再建の礎石たるべき抱負と決意とをもって出発したが、ここに創立以来の念願を果すべく角川文庫を発刊する。これまで刊行されたあらゆる全集叢書文庫類の長所と短所とを検討し、古今東西の不朽の典籍を、良心的編集のもとに、廉価に、そして書架にふさわしい美本として、多くのひとびとに提供しようとする。しかし私たちは徒らに百科全書的な知識のジレッタントを作ることを目的とせず、あくまで祖国の文化に秩序と再建への道を示し、この文庫を角川書店の栄ある事業として、今後永久に継続発展せしめ、学芸と教養との殿堂として大成せんことを期したい。多くの読書子の愛情ある忠言と支持とによって、この希望と抱負とを完遂せしめられんことを願う。

一九四九年五月三日

角川ソフィア文庫ベストセラー

新編 日本の面影
ラフカディオ・ハーン
訳／池田雅之

日本の人びとと風物を印象的に描いたハーンの代表作『知られぬ日本の面影』を新編集。「神々の国の首都」「日本人の微笑」ほか、アニミスティックな文学世界や世界観、日本への想いを伝える一一編を新訳収録。

新編 日本の面影 II
ラフカディオ・ハーン
訳／池田雅之

代表作『知られぬ日本の面影』を新編集する、詩情豊かな新訳第二弾。「鎌倉・江ノ島詣で」「八重垣神社」「美保関にて」「二つの珍しい祭日」ほか、ハーンの描く、失われゆく美しい日本の姿を感じる一〇編。

新編 古事記物語
鈴木三重吉

大正に創刊され、児童文学運動の魁となった児童雑誌「赤い鳥」に掲載された歴史童話。愛する妻イザナミを探すイザナギの物語「女神の死」をはじめ、日本の神話世界や天皇の事績をわかりやすい文体で紹介。

論語と算盤
渋沢栄一

孔子の教えに従って、道徳に基づく商売をする――。日本実業界の父・渋沢栄一が、後進の企業家を育成するために経営哲学を語った談話集。金儲けと社会貢献の均衡を図る、品格ある経営人のためのバイブル。

渋沢百訓
論語・人生・経営
渋沢栄一

日本実業界の父が、論語の精神に基づくビジネスマンの処し方をまとめた談話集『青淵百話』から五七話を精選。『論語と算盤』よりわかりやすく、渋沢の才気と後進育成への熱意にあふれた、現代人必読の書。

角川ソフィア文庫ベストセラー

新版 福翁自伝
福沢諭吉
校訂／昆野和七

緒方洪庵塾での猛勉強、遣欧使節への随行、暗殺者におびえた日々――。六〇余年の人生を回想しつつ愉快に語られるエピソードから、変革期の世相、教育に啓蒙に人々を文明開化へ導いた福沢の自負が伝わる自叙伝。

福翁百話 現代語訳
福沢諭吉
訳／佐藤きむ

福沢が来客相手に語った談話を、自身で綴った代表作。自然科学、夫婦のあり方、政府と国民の関係、教育、環境衛生など、西洋に通じる新しい考えから快活に持論を展開。思想家福沢のすべてが大観できる。

新版 遠野物語 付・遠野物語拾遺
柳田国男

雪女や河童の話、正月行事や狼たちの生態――。遠野郷（岩手県）には、怪異や伝説、古くからの習俗が、なぜかたくさん眠っていた。日本の原風景を描く日本民俗学の金字塔。年譜・索引・地図付き。

雪国の春 柳田国男が歩いた東北
柳田国男

名作『遠野物語』を刊行した一〇年後、柳田は二ヶ月をかけて東北を訪ね歩いた。その旅行記「豆手帖から」をはじめ、「雪国の春」「東北文学の研究」など、日本民俗学の視点から東北を深く考察した文化論。

新訂 妖怪談義
柳田国男
校注／小松和彦

柳田国男が、日本の各地を渡り歩き見聞した怪異伝承を集め、編纂した妖怪入門書。現代の妖怪研究の第一人者が最新の研究成果を活かし、引用文の原典に当たり、詳細な注と解説を入れた決定版。

角川ソフィア文庫ベストセラー

一目小僧その他　柳田国男

日本全国に広く伝承されている「一目小僧」「橋姫」「物言う魚」「ダイダラ坊」などの伝説を蒐集・整理し、丹念に分析。それぞれの由来と歴史、人々の信仰を辿り、日本人の精神構造を読み解く論考集。

山の人生　柳田国男

山で暮らす人々に起こった悲劇や不条理、山の神の嫁入りや神隠しなどの怪奇談、「天狗」や「山男」にまつわる人々の宗教生活などを、実地をもって精細に例証し、透徹した視点で綴る柳田民俗学の代表作。

海上の道　柳田国男

日本民族の祖先たちは、どのような経路を辿ってこの列島に移り住んだのか。表題作のほか、海や琉球にまつわる論考8篇を収載。大胆ともいえる仮説を展開する、柳田国男最晩年の名著。

日本の昔話　柳田国男

「藁しび長者」「狐の恩返し」など日本各地に伝わる昔話106篇を美しい日本語で綴った名著。「むかしむかしあるところに――」からはじまる誰もが聞きなれた昔話の世界に日本人の心の原風景が見えてくる。

日本の伝説　柳田国男

伝説はどのようにして日本に芽生え、育ってきたのか。「咳のおば様」「片目の魚」「山の背くらべ」「伝説と児童」ほか、柳田の貴重な伝説研究の成果をまとめた入門書。名著『日本の昔話』の姉妹編。

角川ソフィア文庫ベストセラー

角川ソフィア文庫ベストセラー

妹の力
柳田国男

かつて女性は神秘の力を持つとされ、祭祀を取り仕切っていた。預言者となった妻、鬼になった妹——女性たちに託されていたものとは何か。全国の民間伝承や神話を検証し、その役割と日本人固有の心理を探る。

桃太郎の誕生
柳田国男

「おじいさんは山へ木をきりに、おばあさんは川に洗濯へ——」。誰もが一度は聞いた桃太郎の話。そこには神話時代の謎が秘められていた。昔話の構造や分布などを科学的に分析し、日本民族固有の信仰を見出す。

昔話と文学
柳田国男

「竹取翁」「花咲爺」「かちかち山」などの有名な昔話（口承文芸）を取り上げ、『今昔物語集』をはじめとする説話文学との相違から、その特徴を考察。丹念な比較で昔話の宗教的起源や文学性を明らかにする。

小さき者の声
柳田国男傑作選

柳田国男

表題作のほか「こども風土記」「母の手毬歌」「野草雑記」「野鳥雑記」「木綿以前の事」の全6作品を一冊に収録！　柳田が終生持ち続けた幼少期の直感やみずみずしい感性、対象への鋭敏な観察眼が伝わる傑作選。

柳田国男　山人論集成
柳田国男
編／大塚英志

独自の習俗や信仰を持っていた「山人」。柳田は彼らに強い関心を持ち、膨大な数の論考を記した。その著作や論文を再構成し、時とともに変容していった柳田の山人論の生成・展開・消滅を大塚英志が探る。

角川ソフィア文庫ベストセラー

神隠し・隠れ里　柳田国男傑作選
柳田国男　編／大塚英志

自らを神隠しに遭いやすい気質としたロマン主義者であった柳田は、他方では、普通選挙の実現を目指すなど社会変革者でもあった。30もの論考から、その双極性を見通す。唯一無二のアンソロジー。

脳はなにを見ているのか
藤田一郎

「見る」という行為を通して、脳の働きを紹介。ふだん何気なく見ている風景が、脳によって「変換」されていることを、多くの錯視画を用いながら解説していく。ワクワクするような脳科学の世界へようこそ！

赤ちゃんは顔をよむ
山口真美

これまで、生まれたばかりの赤ちゃんはぼんやりとしか目が見えないと考えられていたが、数日後には母親の顔を好んで見ることがわかってきた！「顔をよむ」ことで発達する驚きのメカニズムを解き明かす。

脳からみた心
山鳥重

目を閉じてと言われると口を開く失語症。見えない眼で点滅する光源を指さす盲視。神経心理学の第一人者が脳損傷の不思議な臨床例を通して脳と心のダイナミズムを解説。心とは何かという永遠の問いに迫る不朽の名著。

増補版　時刻表昭和史
宮脇俊三

二・二六事件の朝も電車を乗り継いで小学校に通い、終戦の日も敗戦後の混乱期も、汽車に乗っていた——。鉄道紀行の第一人者が、家族の風景と青春の日々を、時刻表に重ねて振り返る体験的昭和史！

角川ソフィア文庫ベストセラー

旅人
ある物理学者の回想

湯川秀樹

日本初のノーベル賞受賞者である湯川博士が、幼少時から青年期までの人生を回想。物理学の道を歩き始めるまでを描く。後年、平和論・教育論など多彩な活躍をした著者の半生から、学問の道と人生の意義を知る。

夢のもつれ

鷲田清一

映像・音楽・モード・身体・顔・テクスチュアなど、身近なさまざまな事象を現象学的アプローチでやさしく解き明かす。臨床哲学につながる感覚論をベースとした、アフォリズムにあふれる哲学エッセイ。

死なないでいる理由

鷲田清一

〈わたし〉が他者の思いの宛先でなくなったとき、ひとは〈わたし〉を喪い、存在しなくなる——。現代社会が抱え込む、生きること、老いることの意味、そして〈いのち〉のあり方を滋味深く綴る。

大事なものは見えにくい

鷲田清一

ひとは他者とのインターディペンデンス（相互依存）でなりたっている。「わたし」の生も死も、在ることの理由も、他者とのつながりのなかにある。日常の隙間からの「問い」と向き合う、鷲田哲学の真骨頂。

まなざしの記憶

鷲田清一
写／植田正治

新たな思考の地平を切りひらく〈試み〉として、エッセイを表現手法としてきた鷲田哲学。その臨床哲学からのやわらかな思索が、植田正治の写真世界と深く共振し、響き合う。注目のやさしい哲学エッセイ。